La magie de l'Espagne

Aubrey FG Bell

Writat

Cette édition parue en 2023

ISBN : 9789358812916

Publié par
Writat
email : info@writat.com

Contenu

NOTE

Il s'agit plutôt d'une collection de notes éparses sur l'Espagne que d'une étude connexe — de notes de nombreuses heures agréables de littérature et de voyages espagnols, mais peut-être d'un intérêt trop individuel pour paraître sans quelques excuses. On ne trouvera aucune référence aux grands problèmes sociaux et politiques qui troublent la vie espagnole. Combler les moments d'oisiveté des vacances espagnoles, et éventuellement aider le lecteur à ressentir ce « parfum du terroir » qui imprègne l'Espagne, est l'objet sans ambition de ces pages. Mieux encore, s'il se détourne d'eux, insatisfait, pour se tourner vers des écrivains faisant autorité sur la vie et les lettres espagnoles, et vers le pays magique de la littérature espagnole elle-même. Pour avoir obtenu l'autorisation de réimprimer certains de ces courts essais sous une forme légèrement modifiée, l'auteur doit remercier les rédacteurs du *Morning Post* , de l' *Outlook* et de la *Reine* .

PRÉFACE

Il n'est pas facile de rendre compte en quelques mots de l'étrange charme oriental que l'Espagne exerce sur de nombreux esprits, ni d'expliquer la puissance de son attrait. Car en effet, la grande péninsule possède une épice et une saveur particulières . Elle n'a pas la culture immémoriale de l'Italie, ni les paysages agréables et souriants de la France avec ses vertes prairies et ses ruisseaux cristallins. La vieille Ibérie, cette *dure -mère* , a une racine particulière. Sa couleur est souvent dure et crue ; beaucoup de ses quartiers sont stériles et inconfortables. Les hautes terres désolées et rocheuses et les crêtes déchiquetées de la Sierra divisent le pays en divisions nettes et le rendent peuplé et diversement peuplé. Sur ces hauteurs, le souffle du vent est souvent glacial et le soleil frappe avec une force mordante. De grandes plaines arides et désolées s'étendent, sans arbres et sans protection, à deux mille pieds au-dessus de la mer. Les villages éloignés sont de la couleur du sol et se distinguent à peine d'un amas de rochers jaune-brun. Matin et soir, on aperçoit à l'horizon une file de mules, pour que les paysans partent en bandes pour cultiver leurs champs éloignés ; ou un berger avec son troupeau de moutons ou de chèvres, soulage l'étrange monotonie de ce désert poussiéreux et venteux. Rien de plus triste et de moins harmonieux que le chant rauque et strident des paysans, dont la particularité même a cependant du piquant et du charme. Leur langue est également dure, avec ses gutturales claires, bien plus rudes et viriles que la langue sœur musicale de l'Italie. Tout nous amène à la même conclusion, à savoir qu'il ne s'agit pas d'un pays de confort et de doux délices langoureux, mais d'une originalité pittoresque et puissante, où l'esprit le plus blasé peut être fortifié et inspiré et trouver une vie plus fraîche et plus émouvante.

En Espagne, la netteté des contrastes exclut toute sensation de lassitude ou de satiété. Il existe des régions à la végétation luxuriante et au soleil africain, délimitées par des montagnes de neige éternelle. A travers la plaine, une rivière coule parmi les orangeraies et les olives grises ; dans les *patios ombragés* de la ville, des fontaines d'argent maintiennent l'air frais et frais, et lors des nuits les plus froides de l'hiver, la température est encore de quelques degrés au-dessus du point de congélation. Pourtant, ici, dans la chaleur la plus brûlante de l'été, nous pouvons lever les yeux vers les collines et contempler la sierra enneigée sur le bleu profond du ciel ; et si une averse, dans cette région peu pluvieuse, tombe sur les districts bas, elle n'ajoute qu'une autre couche de blancheur à la chaîne voisine . C'est en effet un pays étrange et fascinant, un *Land voll Sonnenschein* et une lumière aveuglante et féroce, mais une terre de souffles stridents et perçants et d'air glacial, une terre de nombreux éléments divers à la fois climatiques et démographiques. Il n'est pas étonnant que ses habitants aient un caractère fortement individuel et préservent la souche ibérique originelle. Leur discours est concis et racé. Dans aucun pays les proverbes ne sont plus courants, et une suite d'entre eux peut en effet former une conversation paysanne, piquante comme les chapelets de *piments rouges* accrochés aux balcons des fermes.

C'est en Espagne qu'est née la nouvelle, la *romana de pícaros* , et les romanciers espagnols des trente dernières années ont donné libre cours aux types locaux de diverses régions d'Espagne. Nulle part le provincialisme n'a été aussi clairement marqué. Dans d'autres pays, de meilleures communications ont corrompu les mœurs locales et les ont transformées en une conformité d'excellence. En Espagne, la nature du pays, avec ses rudes barrières montagneuses et ses rivières turbulentes et non navigables, protège encore l'originalité et maintient le caractère distinct des provinces, et l'Andalou continue de mépriser l'indigène de Galice et d'être ridiculisé par l'indigène de Castille. Cela ne garantit pas la prospérité matérielle, mais constitue un pays du pittoresque et de l'inattendu, un pays où l'imagination n'est pas morte et où l'artiste et le poète trouvent leur véritable demeure. L'imprévoyance et l'absence de méthode espagnoles, ainsi que la vie gay au jour le jour, ne sont peut-être pas le moindre attrait pour eux. Un voyageur imprudent dans les régions les plus sauvages peut facilement se retrouver à moitié périr à cause du manque de nourriture et se perdre dans un labyrinthe complexe de chemins entre des villages éloignés. « Ce qui est mauvais, messieurs, c'est de manquer de pain », chantait le poète du *Poème du Cid du XIIe siècle* . Le paysan robuste des régions les plus pauvres vit peu au jour le jour du produit du sol avare, conquis par un travail patient . Le paysan des régions plus fertiles ne s'en sort pas nécessairement mieux, mais il travaille magnifiquement moins. La méthode délibérée de prospérité et de succès est tenue en peu d'estime. Le puissant empire d'Espagne n'était en fait l'affaire que d'une génération. Depuis l'époque de Philippe II. Désormais, l'Empire espagnol pouvait à juste titre être comparé au cadavre du Cid, car, même si, par son prestige et la faveur du ciel, il pouvait continuer à récolter de nouvelles victoires, il était néanmoins irrévocablement mort et en attente de dissolution. Et c'est l'imprévoyance de l'Espagne qui a charmé l'étranger. Car, avide d'admirer ses aspects poétiques, il se considère souvent au plus profond de son âme comme incomparablement supérieur et se précipite chez lui vers la civilisation avec une liasse de détails curieux glanés négligemment.

L'Espagnol courtois cache son mépris pour l'étranger, mais s'il avait le privilège de lire les nombreux croquis, scènes et promenades publiés chaque année sur l'Espagne, il aurait une certaine marge de divertissement légitime. De légères remontrances ont en effet été entendues dans la Péninsule contre l'idée de grands espagnols guettant dans des coins sombres pour voler sa fortune à un journaliste français. Mais la plupart du temps, ils se contentent de laisser l'étranger continuer dans son ignorance. Car l'Espagne austère et mélancolique garde son secret et ne peut être arrachée à son impénétrable mystère oriental par aucune ruse. Immuables et impassibles, ses villes semblent se moquer de l'étranger, et la rudesse des étendues sauvages qui les entourent le décourage. Mais il revient sans cesse dans ce pays lointain et médiéval qui, à ses yeux pratiques, devrait être si riche et qui est si pauvre. Les rebuts qu'il reçoit aiguisent sa curiosité et augmentent son ardeur . Pourtant l'Espagne n'est pas, malgré ses nombreux touristes, un pays de colonies étrangères. Pour l'Anglais, ce fait apporte une nouveauté frappante, car il peut visiter la Suisse, l'Italie et la France et quitter à peine l'atmosphère de l'Angleterre, mais en Espagne, il n'aura aucune difficulté à suivre le conseil de Bacon au voyageur à l'étranger de « se séquestrer de la compagnie de ses compatriotes.

JE

CARACTÈRE ESPAGNOL

I.— Opinions errantes

Rassembler une masse d'opinions isolées et contradictoires concernant les Espagnols est une tâche relativement simple, bien qu'il soit difficile, voire impossible, d'en tirer une image cohérente du caractère espagnol. Pour Wellington, ils sont « ce peuple extraordinaire et pervers », pour qui se vanter de la force de l'Espagne était une faiblesse naturelle. « La procrastination et l'imprévoyance sont leurs péchés les plus tenaces », dit Napier, et à propos de leur conduite pendant la guerre d'Espagne : « D'une imagination proverbialement vive et de ressentiments vifs, les Espagnols agissent individuellement plutôt qu'à l'échelle nationale et, pendant cette guerre, ce qui semblait être une constance d'intention. n'était qu'une répétition d'une fureur momentanée générée comme des étincelles électriques par une collision constante avec les Français. "Les Espagnols sont passés maîtres dans l'art de tout dire et de ne rien faire." Ils ont des sentiments dignes et des expressions nobles, mais, pris avec leurs actes, ceux-ci ne sont « qu'un vent fort soufflant des feuilles ratatinées ». « Dans l'organisation des affaires de guerre, les difficultés sont toujours négligées par les Espagnols, qui passent d'une fantaisie à l'autre si rapidement que la première conception d'une entreprise est immédiatement suivie par l'anticipation confiante d'un succès complet. » Bien qu'ils soient " hâtifs dans la vengeance et faibles dans le combat ", ils sont " patients jusqu'au dernier degré dans la souffrance ". Il accorde aux paysans « une susceptibilité aux grands sentiments ». Ils « endurent les calamités, hommes et femmes, avec un courage singulier et sans ostentation. Mais leurs vertus sont passives, leurs défauts actifs, et, poussés par une arrogance particulière, ils projettent perpétuellement des entreprises qu'ils n'ont pas assez de vigueur pour exécuter. « Négliger les ressources réelles et s'attacher à des projets imaginaires est particulièrement espagnol. » Un écrivain français de la même époque, le général Marbot , se contente de constater que les espagnols « ont beaucoup conservé du caractère des Arabes et sont fatalistes ; aussi répétaient-ils sans cesse 'Lo que ha de ser no puede faltar ,' » mais ajoute que « ils ont un mérite immense, c'est que, bien que battus , ils ne se découragent jamais. En nous tournant vers les siècles antérieurs, nous constatons que chez Tite-Live et Strabon, les Espagnols sont obstinés, insociables, silencieux, vêtus de noir, méprisants de la mort, très sobres. Au cours des siècles de grandeur de l'Espagne , les commentaires se multiplient naturellement, même s'ils sont souvent difficilement conciliables. Pour un Italien, Paolo Cortese, les Espagnols du début du XVIe siècle sont, sous une pluie d'épithètes, « ambitieux, bon enfant, curieux, avides, querelleurs, tenaces, magnifiques, méfiants, rusés ». Un autre Italien, Paolo Tiepolo, fera plus tard une distinction [1] entre ceux qui ont voyagé et ceux qui n'ont pas quitté l'Espagne, les premiers étant « per la maggior » partie avvisati , diligenti , tolleranti . Dans Pepys, nous lisons « le cérémonial des Espagnols » et que « les Espagnols sont les pieds les mieux disciplinés du monde ; ne refusera aucun service extraordinaire s'il le commande, mais méprise d'être payé pour cela comme dans d'autres pays », et de « l'habit simple des Espagnols, comment le roi et les seigneurs eux-mêmes ne portent qu'un manteau de bayze de Colchester et les dames des manteaux de temps froid de flanelle blanche . Pour un érudit espagnol, Masdeu , ils sont, pour ne citer que quelques-uns de ses jugements, « vifs, rapides dans la conception, lents et réfléchis pour parvenir à une résolution, actifs et efficaces pour la mettre à exécution. Ce sont les plus ardents défenseurs de la religion et les maîtres en ascétisme. « Leur désintéressement et leur honnêteté dans le commerce sont connus de tous. Ils sont économes à table, particulièrement réticents à tout excès de boisson. Dans la conversation, ils sont sérieux et taciturnes, ne se prêtent pas aux discours mordants, courtois, affables et agréables ; ils détestent la flatterie, mais ils respectent les autres et cherchent à être respectés eux-mêmes. Ils parlent avec majesté, mais sans affectation. Ils sont généreux, serviables, gentils et ont plaisir à conférer des bienfaits, et ils exaltent les choses étrangères plus que les leurs. Ils ont de l'envie, de la fierté et un amour de la gloire, mais avec des qualités nobles et rédemptrices. Dans leur tenue, ils sont soignés et modérés ; lorsqu'ils partent à l'étranger , ils sont bien habillés et élégants, mais avec une gravité qui leur convient. "Ils dépensent avec magnificence et extravagance." Une voyageuse française , Mme. d'Aulnoy , [2] au XVIIe siècle, dit des Espagnols que « la nature a été plus douce envers eux qu'ils ne le sont envers eux-mêmes ; ils naissent avec plus d'esprit que les autres ; ils ont une grande rapidité d'esprit jointe à une grande solidité ; ils parlent et délivrent leurs paroles avec aisance ; ils ont une grande mémoire ; leur style est soigné et concis, et ils sont prompts à appréhender ; il est facile de leur apprendre tout ce qu'ils veulent ; ils sont de parfaits maîtres en politique , et quand il le faut, ils sont sobres et laborieux. »... « Ils sont patients jusqu'aux excès, obstinés, oisifs, philosophes singuliers ; et, pour le reste, des hommes d' honneur , tenant parole même si cela leur a coûté la vie. Elle considère que leur plus grand défaut est leur « passion pour la vengeance » et parle de « leur fantastique grandeur ». Un bref récit rédigé par un Anglais en 1701 n'a pas grand-chose de positif à dire sur les Espagnols, sauf qu'ils « ont un zèle incomparable pour implanter la religion catholique ». Il note leur lenteur, leur immoralité, et il est d'ailleurs impossible de distinguer un cavalier espagnol d'un cordonnier , alors que la plupart de leurs maisons sont « en terre et comme des taupinières, mais hautes d'un étage ». Ils ont un «esprit orgueilleux » et traitent les étrangers «de turc à maure », dit un Français de la même époque [3] , de sorte que l'Anglais a peut-être eu une légère expérience *du turc à maure* en Espagne. Un autre Anglais [4] , un demi-siècle plus tard, écrit que les Espagnols sont « généreux, libéraux, magnifiques et charitables ; religieux sans contestation, mais dévots jusqu'aux plus grands excès de superstition . »... « S'ils ont un défaut prédominant, c'est peut-être celui d'être un peu trop nobles ; c'est pourquoi ils ont eu, à différentes époques, les vanités les plus extravagantes . »... « Leurs vêtements sont généralement d'une couleur très sombre et leurs manteaux presque noirs. Cela montre le sérieux naturel du peuple . »... « Il n'y a pas de soldats au monde plus courageux que les Espagnols. » Reclus, dans son appréciation des Espagnols, a hardiment permis que les contrastes et les contradictions du caractère espagnol se côtoient. Ils sont « apathiques dans la vie quotidienne, mais d'une résolution rapide, d'un courage persistant et d' une ténacité infatigable . Ils sont vains, mais si quelqu'un a le droit de l'être, c'est bien lui. Malgré leur fierté, ils ont des manières simples et agréables. Ils s'estiment beaucoup, mais ils sont également prêts à reconnaître le mérite des autres. Ils sont très prompts à mettre le doigt sur le côté faible ou sur les vices des autres, mais ne se rabaissent jamais en les méprisant. Ils ont beaucoup de sérieux, une rare fermeté de caractère. Ils sont satisfaits de leur sort et sont fatalistes. Un mélange de superstition et d'ignorance, de bon sens et d'ironie subtile ; ils sont parfois féroces, bien que naturellement d'une générosité magnanime, friands de vengeance, mais oubliant les injures, friands d'égalité, mais coupables d'oppression. Les verdicts des penseurs espagnols modernes ont été pour la plupart pessimistes. [5] Les Espagnols du XXe siècle ont été activement occupés à une introspection analytique, résultat de leurs malheurs nationaux et de leur fierté blessée. Ils préfèrent parler atrocement d'eux-mêmes plutôt que que les étrangers ne parlent d'eux qu'avec modération. Monsieur Mallada considère [6] ses compatriotes comme des « rêveurs oisifs et peu pratiques ». En Espagne, dit Ángel Ganivet , [7] « il y en a beaucoup qui n'ont pas de volonté, *hay muchos enfermos de la voluntad* » — il y a un manque de concentration, c'est-à-dire une concentration persistante et un manque de proportion, du pouvoir de considérer plus d'une idée, plus d'un aspect d'une question. Ainsi *Azorín* se plaint-il qu'« il y a beaucoup de perspicacité et de vision rapide, mais pas de coordination des idées, ni de réalisation ou de volonté constante ». [8] Dans un livre de Ricardo León [9] , nous lisons que les Espagnols sont hostiles à leurs dirigeants, quels qu'ils soient, et aux maux d' *el Caciquisme* . Mais l'auteur voit peu d'espoir de changement dans un pays où les hommes vivent entre deux extrêmes, « deux feux, deux fanatismes », soit réactionnaires, soit démagogues ; où les courants d'activité et de passion ne sont pas régulés, où la pensée stagne ou s'enchevêtre dans une trame arachnéenne de distinctions subtiles, et où le juste milieu du bon sens n'est pas atteint. Les habitants d' Alcalá sont « forts, durs, courageux et têtus, rigoureux dans leurs vertus et dans leurs vices, violents dans leurs amours et leurs haines, tenaces aussi bien dans le bien que dans le mal ». Pour contrebalancer leur intelligence claire, leur grand cœur, leur imagination vive et leur éloquence, ils ont de sérieux défauts, « et surtout une certaine agitation d'esprit, une irritabilité nerveuse qui les empêche de vivre en paix ou à l'aise avec eux-mêmes ou avec les autres, un véritable défaut espagnol, particulièrement attachés autrefois et aujourd'hui à ce caractère dur, turbulent et fortement original de la race qui ne nous a jamais laissé de repos, mais nous a tenus perpétuellement en conflit, prenant ombrage de nos ombres mêmes . des infidèles à combattre, des forteresses à défendre, des vœux à respecter, ou même lorsqu'il y avait des guerres civiles, une contrebande vigoureuse et des bandes de brigands », il y avait de la place pour les vertus et les vices d'un peuple « né et élevé pour l'action et les actes passionnés ». « façonné au combat » ; mais « avec l'avènement des mœurs modérées des temps modernes », ils se retrouvent « hors de leur atmosphère naturelle, oisifs, pauvres, déconcertés, à l'étroit ». Et c'est là la tragédie de l'Espagne d'aujourd'hui : un peuple au grand cœur aux prises avec la civilisation. Dans « El Caballero Encantado » de Pérez Galdós , l'esprit de l'Espagne s'adresse ainsi à l'un de ses fils : « Le défaut capital des Espagnols de votre temps est que vous vivez exclusivement la vie des mots, et la langue est si belle que le plaisir dans son doux son, il vous incite à dormir. Vous parlez trop ; vous prodiguez sans compter une richesse de phrases pour cacher la pauvreté de vos actions. [10] Dans un livre antérieur [11] Le señor León déplore la mode qui prévaut en Espagne « de déprécier tout ce qui est espagnol et d'accorder de grands éloges à tout ce qui est étranger. Une vague de lâcheté morale et de bassesse utilitariste déferle sur l'Espagne.» Mais le caractère espagnol n'est pas définitivement affaibli ni dépouillé de sa dignité et de son indépendance ; l'éclipse n'est que temporaire et, en fait, partielle, n'affectant pas les classes les plus humbles. L'esprit de l'Espagne renaîtra, comme dans « El Caballero Encantado », lorsqu'il sera transporté du lit de mort à la tombe, [12] et peut être comparé à juste titre, comme par Don Rafael Altamira, aux eaux du Guadiana. qui, après avoir parcouru un espace souterrain, reviennent à la surface.

II.— Vaines généralités.

« Et en effet, écrit Pepys, nous aimons tous naturellement les Espagnols et détestons les Français », et si, depuis son époque, nous avons appris à aimer les Français, le caractère des Espagnols n'a cessé d'attirer et d'intéresser les Anglais. . Pourtant, toute tentative de généralisation concernant le caractère espagnol semblerait une tâche vaine et insensée, puisque l'Espagne est le pays d'Europe qui a le plus rigoureusement préservé ses différences locales de race et de langue, et il est toujours vrai, comme à l'époque de Ford, que « le Le grossier Gallicien agricole, l'artisan manufacturier industrieux de Barcelone, l'Andalou gai et voluptueux, le Valencien rusé et vindicatif sont aussi essentiellement différents les uns des autres que tant de personnages distincts dans la même mascarade », et le Basque [13] et l'Andalou , par *exemple* . , sont aussi éloignés que le Français et l'Espagnol. Il est possible de prendre les différents ingrédients, l'orgueil castillan [14] l'économie catalane [15] l'imagination andalouse, la monotonie galloise, [16] la morosité de Navarre, l'entêtement d'Aragon [17] la ruse valencienne ou murcienne , et, les lier dans un paquet pratique, pour parler des Espagnols comme étant fiers, économes, etc., ou, dans un ton plus pessimiste, comme hautains, avares, menteurs, impassibles, cruels, obstinés, malveillants. Mais, bien qu'un tel jugement soit notoirement faux, quelques qualités peuvent peut-être être attribuées à l'Espagne tout entière comme étant, dans une certaine mesure, communes à ses divers peuples. Au premier rang de ces qualités figurent l'indépendance et la dignité personnelle. Les Espagnols sont une nation d'individualistes, chacun a sa propre loi, et ils sont donc, en tant que nation, souvent incompris et leur orgueil ne leur a pas permis de corriger les erreurs les concernant, alors qu'en même temps il serait peut-être difficile de trouver dans quelque pays que ce soit. autre nation un si grand nombre d'individus qu'on peut admirer et respecter. Le dramaturge Don Jacinto Benavente a dit [18] qu'en Espagne « chacun de nous voudrait être le seul grand homme dans une nation de fous, le seul honnête homme dans une tribu de fripons » et parle de « notre individualisme effréné. » Personne n'est un individualiste plus approfondi que Don Pío Baroja , et le personnage principal de son roman, *César ó Nada* , déclare que les Espagnols, « en tant qu'individualistes, exigent, plus qu'une organisation démocratique et fédérale, une discipline militaire de fer ». "La démocratie, le républicanisme et le socialisme ont en réalité peu de racines dans notre pays... De plus , nous n'admettons aucune supériorité et n'acceptons pas volontiers un roi ou un président, un prêtre ou un prophète." C'est ce caractère réfractaire qui a rendu le peuple espagnol si difficile à gouverner et qui a porté un préjudice permanent à sa prospérité en tant que nation. Il semblerait qu'ils aient encore à apprendre la véritable dignité de la loyauté et du service. Tout Espagnol, aussi humble soit-il, se considère tout à fait compétent pour critiquer les mesures de ses gouvernants, et plus encore les mesures fantaisistes qu'il choisit de leur attribuer. Ainsi, dans une République, chaque citoyen se croirait capable de diriger les affaires de la nation mieux que le président, de même que Sancho était convaincu qu'il pouvait gouverner son île aussi bien ou mieux que n'importe qui ; néanmoins, les Espagnols sont enclins à accepter une autorité ferme et incontestée avec une sorte de soumission héroïque, acceptant ses décisions comme ils acceptent les inévitables décrets du destin, et c'est pour cette raison qu'un système de gouvernement ancien, comme la monarchie, est infiniment le meilleur. le mieux adapté au tempérament espagnol. Sans aucun doute, ils préféreraient n'avoir aucun système de gouvernement, si cela était possible, étant rétifs et tumultueux sous contrainte. Un jour, un *chauffeur espagnol* , alors qu'il conduisait sa maîtresse, a estimé qu'il avait été insulté par un passant dans la rue et, laissant maîtresse et moteur, il a puni le contrevenant jusqu'à ce que la police intervienne. [19] Et si les Espagnols ont du mal à travailler harmonieusement sous les ordres des autres, il ne leur est pas plus facile de maintenir une autorité commune ; ils ne peuvent jamais coopérer longtemps, leurs partis politiques et leurs syndicats commerciaux s'effondrent rapidement comme les graines d'une grenade. De même, on peut voir d'un simple coup d'œil sur n'importe quelle foule espagnole qu'il ne s'agit pas d'une masse fusionnée mais d'un ensemble d'unités restant distantes et séparées ; si l'individu gagne, l'État souffre, et la politique espagnole a parfois un air d'angularités étriquées et d'ambitions grossières. Mais cet individualisme et cette indépendance ont leur côté plus noble et plus agréable, car même dans une pauvreté et une détresse extrêmes, la dignité et la courtoisie, l'honnêteté et la sobriété qui l'accompagnent [20] abandonnent rarement l'Espagnol. Chacun est roi dans sa propre maison, qu'il s'agisse du misérable grenier ou simplement de l'espace solaire que recouvre son ombre ; *mientras dans ma casa, je suis là rey moi soja* . Le dialogue suivant porte une preuve intrinsèque de sa nationalité, il ne peut appartenir à aucun autre pays que l'Espagne : « Votre culte est-il un voleur ? » – « Oui, pour servir Dieu et tous les bons gens ». [21] Ainsi, la dignité personnelle et la fierté individuelle peuvent être considérées comme les notes dominantes de l'Espagne. Ainsi les mendiants dans la rue s'appellent Monsieur, *señor* , seigneur, et si vous ne pouvez pas leur faire l'aumône pour le bien de votre âme, vous devez au moins vous excuser - *perdone Vd . par Dios* . Tout en admirant cette indépendance , nous ne pouvons nous empêcher de voir qu'il s'agit d'une fausse dignité, qui préfère mourir de faim, comme l'un des personnages de Fortunata y Jacinta de Pérez Galdós , *car* « mi *dinidá y sinificancia no me permiten* — ma dignité et mon importance ne permettez-moi », d'accepter un emploi. La belle apparence extérieure donnée à la pauvreté des mansardes est pathétique, mais elle est susceptible de tromper et de susciter la méfiance. Mme. d'Aulnoy remarquait que les Espagnols « supportent cette indigence avec un air de gravité qui pourrait tromper quelqu'un ».

Dans *Lost* Don Adriano de Armado , de *Love's Labour* , dit à Moth qu'il est « mal à l'aise avec les comptes ; cela correspond à l'esprit d'un tapster », mais à l'observation de Moth : « Vous êtes un gentleman et un joueur, monsieur », répond-il avec plaisir, « j'avoue les deux ; ils sont tous deux le vernis d'un homme complet » (*todo un hombre*). Les Espagnols se sont toujours montrés incapables de compter, ils sont insouciants des détails et ont en effet une incurie orientale pour les faits et les chiffres ; dans aucun pays il n'est plus difficile d'obtenir des résultats précis ou des statistiques consécutives. Contre toute corvée le tempérament espagnol se rebelle [22] ; ils agissent par impulsion, dans des moments déconnectés et sans persistance

; leur concentration est d'instants, [23] sans conséquence ; et on a observé que « l'Espagne a développé sa vie et son art au moyen de convulsions spirituelles ». Ce qui est dit dans l'un des romans de Pérez Galdós [24] sur Narváez pourrait avec vérité s'appliquer à de nombreux Espagnols : « Il a un grand cœur et une grande intelligence, mais ils ne se manifestent que par à-coups, par impulsions, *par arranques* . » Il y a beaucoup d'intelligence parmi les Espagnols mais peu de continuité de jugement ; aucune persévérance. Ils s'enthousiasment pour un projet et, leurs pensées dépassant l'action, ils voient l'affaire commencée, en cours, terminée, de sorte que leur enthousiasme même empêche l'accomplissement, et finalement rien n'est fait. Don Quichotte, on s'en souvient, ne pensait pas beaucoup à la conquête d'un royaume et à la coupe de la tête d'un géant : « tout ce que je considère comme déjà fait, *que todo c'est ça fais ouais pour hecho* . » Ou bien parfois leur intelligence gâche leur travail et, non contents de faire simplement une chose simple, ils la gâchent en étant un peu trop habiles, ou décident trop facilement d'une affaire par un jugement rapide qui peut se révéler faux. Les Espagnols sont un peuple doté d'une énergie immense et constante, [25] mais leur énergie est souvent endormie ou mal dirigée. Au XXe siècle, on a vu deux Espagnols converser avec une telle intensité qu'il semblait sans cesse, au cours d'une discussion longue et bruyante, qu'ils devaient passer des paroles aux coups ; et la question en litige, menée avec une ardeur qui eût épuisé des natures moins énergiques, était de savoir s'il était bien ou mal d'expulser les Morisques d'Espagne au début du XVIIe siècle. Pourtant, il n'est pas certain que l'on puisse qualifier les Espagnols de peu pratiques ; ils sont souvent oisifs, indifférents, éloignés des événements de la vie quotidienne, mais lorsqu'une question les intéresse vraiment, ils semblent suffisamment astucieux et pratiques. Le roi Jacques Ier d'Aragon lança contre les Castillans une accusation qui a souvent été appliquée à tous les Espagnols : « Vous ne faites rien sans extravagance. [26] « Mais un ingrédient fondamental du caractère espagnol est le réalisme et une vision claire ; c'est leur droit de naissance à un air subtil et transparent et à un ciel sans nuages. Ils sont désireux de détecter toute fausseté et toute hypocrisie et font preuve d'une perspicacité perspicace dans le caractère ; mais leur étude a toujours porté sur les personnes plutôt que sur les livres et les choses, [27] afin qu'ils puissent eux-mêmes agir de manière extravagante, même s'ils sont les premiers à voir l'extravagance d'autrui, vivement pratique, pourrait-on dire, dans les affaires d'autrui. étrangement abstraits et imprévoyants en eux-mêmes. Leur réalisme, s'il les pousse par réaction à un amour stérile des mots et des visions d'idéaux impossibles, s'exprime dans une franchise très caractéristique de toutes les classes d'Espagnols, dans la brièveté prégnante d'innombrables proverbes, dans une intensité concentrée sur un sujet donné. moment, dans l'humour et la satire et un fort amour du ridicule. Leurs proverbes témoignent d'une économie et d'un bon sens pratique très différents de la prudence qui enrichit, mais tout aussi éloignés de la vision romantique des Espagnols parfois défendue par les étrangers. Dans des lignes nobles, Calderón a dit de la vie qu'elle est « une ombre, une fantaisie, et le plus grand bien n'a que peu de valeur, puisque toute vie est un rêve et les rêves eux-mêmes sont un rêve » :

Qu'est -ce que la vie ? Une frénésie .
Qu'est -ce que la vie ? Une illusion ,
une ombre, une fiction ,
et le maire bien es petit ,
que toute la vie est sueño
et los sueños fils sueño ;

mais on peut douter que les vers suivants de Lope de Vega ne soient pas aussi véritablement espagnols dans l'esprit :

Nada me parece bien,
Todos me son importunos .—
¿ Teneis dineros ?— Ningunos .—
Pues procurez-vous que nous la tanière.

« Je ne vois rien de bon ; tous les hommes me fatiguent. — Avez-vous de l'argent ? — Aucun. — Alors veillez à ce qu'on vous en donne. [28] On retrouve dans l'humour espagnol une saveur presque âpre d' originalité , une ironie sournoise et malicieuse, un esprit mordant, plein de gaieté et de bonne humeur , mais d'une grande force et d'une grande franchise. Leur courtoisie est proverbiale, et ce n'est pas simplement une politesse superficielle, cassante comme du verre, mais elle touche l'essence même de l'homme. Une connaissance de l'Espagne semblerait montrer que les simples formes de politesse n'ont pas peu d'effet pour maintenir la dignité d'une nation. L'Espagnol, écrivant de sa propre maison, en parle comme *esta su casa* , c'est ta maison, et à un commerçant il signera lui-même : « Ton sûr serviteur, qui te baise les mains » (SSS, QBSM qui est plus court que l'anglais correspondant, « Yours fidèlement ») ; de simples formes, dira-t-on, mais des formes qui montrent l'esprit et trahissent la magnificence seigneuriale et généreuse des hommes qui ont autrefois gouverné le monde et dont Bacon a écrit : « J'ai Je m'émerveillais parfois de la façon dont l'Espagne enfermait et contenait des domaines si vastes avec si peu d'Espagnols naturels. De même qu'une sorte de mépris magnifique de la vie humaine a valu aux Espagnols l'accusation de cruauté, de même leur attitude envers le temps a conduit beaucoup à les considérer comme paresseux et totalement peu sérieux. [29] « Les Spartiates et les Espagnols ont été notés comme étant peu dépêchés », dit Bacon, et cette procrastination et ce retard étaient aussi importants dans les périodes spacieuses de la grandeur de l'Espagne qu'aujourd'hui. Il suffit de penser à la procédure interminable des procès de l'Inquisition, ou aux livres attendant à la frontière pour être inspectés avec un homme engagé pour les épousseter une fois par mois. Dans la vie ordinaire, cela tient peut-être plutôt à l'indifférence et au dédain qu'à une lenteur innée ; dans les transactions officielles, le formalisme et l'incapacité de coopérer avec d'autres amènent souvent les choses à un ensemble complexe de documents, dont il n'y a d'issue que par un démêlage patient et lent. Aujourd'hui encore, une centralisation rigide porte à Madrid les affaires les plus insignifiantes et impose au Premier ministre une charge de travail écrasante. L'étiquette est poussée à l'excès, et il existe en Espagne de nombreuses « natures formelles », des hommes qui périraient lors d'une cérémonie plutôt que de parvenir à une conclusion rapide et sensée. Mais le véritable défaut de la politique espagnole est qu'elle a tendance à devenir abstraite, avec de nombreuses formules et mots d'ordre excellents, mais déconnectée de la réalité, une sorte de scolastique actuelle. Parfois, ils apparaissent comme un jeu de dialectique, mené par quelques joueurs habiles , parfois comme une « splendeur rhétorique précipitée » qui en emporte beaucoup. Les Espagnols aiment ce que Butler appelle « cet emploi vain et pas très innocent consistant à former des modèles imaginaires du monde et des plans pour le gouverner ». Les hommes politiques espagnols, dit le sénateur Pérez Galdós , « vivent dans un monde de rituels et de formules, de recettes et d'expédients. La langue s'est remplie d'aphorismes, de devises et d'emblèmes. Les idées deviennent stéréotypées et les actions envisagées cherchent à s'incarner dans des mots et ne peuvent pas faire leur choix. [30] Il semblerait en effet que la réalité se soit montrée si anguleuse et si dure aux Espagnols qu'ils font volontiers des efforts pour y échapper. Bien qu'aucune nation ne fasse preuve d'un tel courage, d'une telle endurance et d'un effort patient dans le malheur et la défaite, elle ne réussit pas également dans le succès ; elle est souvent gâtée par la prospérité et devient faible, dissolue et frivole ; il faut qu'ils aient quelque chose à combattre, et qu'ils tombent lorsqu'ils ne font plus pression sur l'opposition. Cela peut expliquer le fait que les classes les plus pauvres ne constituent toujours, comme à l'époque de Ford, « en aucun cas la pire partie de la population ». Les paysans sont courtois, intelligents, patients, énergiques et persévérants : leurs louanges ont été chantées par de nombreux écrivains. [31] Mais un fatalisme et une apathie pathétiques prédominent, ainsi qu'une grande amertume contre ceux qui détiennent l'autorité. *Pobreza nunca alza cabeza* , la pauvreté ne relève jamais la tête, disent-ils, *la cárcel y la cuaresma para los pobres es hecha* , la prison et le Carême sont pour les pauvres ; ils ne recherchent aucune amélioration de leur sort, mais *pan y paciencia y muerte con penitencia* – du pain, de la patience et la mort avec repentir. Mais il faut dire que la faute n'en incombe pas seulement à ceux « d'en haut », mais aussi à ceux qui, ne tolérant aucune supériorité d'aucune sorte, [32] réduisent ainsi les différences entre les hommes à la division brutale de la richesse et de la pauvreté et faire de la vie une course à la richesse.

Il n'en reste pas moins vrai que les paysans d'Espagne sont écrasés par les impôts [33] et travaillent sans cesse pour rester au bord de la famine ; *todo sea por Dios* , disent-ils, et se contentent de constater que l'honnêteté et la richesse ne rentrent pas dans un seul sac : *honra y proofcho no caben. dans un sac* . Il existe chez les Espagnols une certaine dureté élémentaire qui les aide à supporter stoïquement les épreuves et, en fait, à mépriser le confort et le luxe modernes. Leur indifférence à l'égard de l'inquiétude, de l'inconfort et du tumulte bruyant [34] consterne souvent l'étranger, mais ce n'est pas qu'ils soient inconsidérés par rapport aux sentiments des autres, ils ont une sensibilité et un raffinement profonds, mais ils n'ont pas été énervés et rendus trop sensibles. par une civilisation luxueuse. Leur climat, avec ses extrêmes de froid et de chaleur, [35] produit un peuple comme celui d' *Alcalá de los de León.* *Zegríes* , « rigoureux dans leurs vertus et leurs vices, violents dans leurs amours et leurs haines ». Ils vont facilement aux extrêmes ; Les intelligences espagnoles ont tendance à être soit totalement sous-développées, soit trop subtiles dans leurs belles distinctions, et l'action de la même manière, lorsqu'elle se produit, s'accompagne de violence et d'excès, comme les rivières d'Espagne qui, asséchées tout l'été, se déversent après pluie à torrents. Les accusations de cruauté et de fanatisme, de corrida et de *auto-de-fé* , se sont fixés sur les Espagnols. Ils sont par nature inflexibles et intransigeants, et aiment appliquer leurs principes sans se soucier des nombreuses nuances délicates de gris entre le blanc et le noir. Mais ils ne sont pas cruels par nature ; ils supportent avec courage les souffrances corporelles et les infligent aux autres comme le moindre de deux maux, brûlant les hérétiques pour empêcher la propagation de leur hérésie ; et en effet, pour des hommes convaincus que ces « schismatiques obstinés » devaient brûler pour toujours et à jamais ailleurs, un contact de feu dans cette vie ne pouvait guère sembler une punition excessive. [36] La cruauté envers les animaux sur les routes d'Espagne est extrêmement rare, et dans les corridas, [37] il n'est que juste de remarquer que, tandis que l'attention de l'étranger est dirigée vers les souffrances des chevaux, l'esprit tout entier de l'étranger L'Espagnol s'intéresse aux subtilités du conflit entre l'homme et le taureau et aux belles passes qui échappent à l'étranger. [38] Les *autos-défé et* l'Inquisition ont jeté sur l'Espagne une réputation de fanatisme et d'intolérance obscurantiste. Mais les Espagnols, bien que fervents partisans de leur foi, sont trop indépendants pour s'incliner longtemps devant une prédominance cléricale ; on ne peut pas les appeler une nation dominée par les prêtres. [39] *Ni bon fragile por amigo, ni Malou por Enemigo* , dit un de leurs proverbes, ne vous faites pas l'ami d'un bon moine, ni l'ennemi d'un mauvais ; et encore, *Haz lo que dice el fragile no lo que hace* — suivez le précepte du moine, non son exemple. Ils croient sans compromis à la religion catholique romaine, mais sont attentifs aux fautes de ses ministres ; ils aiment et vénèrent l'Église comme un refuge contre la réalité, mais continuent d'être réalistes dans leur mysticisme. L'Église en

Espagne a accompli un travail noble, mais il s'agit d'un retrait plus que d'une moralité, encourageant les fausses apparences plutôt que l'amour de la vérité, [40] la patience et la soumission plutôt que l'entreprise et une recherche persistante de remèdes. Les anticléricaux se plaignent que l'influence du prêtre dans la famille est excessive, mais lorsque les femmes sont maintenues dans une réclusion semi-orientale, tandis que les hommes bavardent ensemble dans la rue, au casino et au café, comme cela arrive encore dans de nombreuses régions d'Espagne. , [41] il est tout à fait naturel que les femmes se détournent de l'inconfort et de l'isolement de leur foyer pour se tourner vers les magnifiques cérémonies de l'Église. [42] Les Espagnols sont naturellement enclins à la générosité et à l'amour de la magnificence, mais, leur pauvreté l'empêchant, cela dégénère trop souvent en imposture et en creux. C'est à la pauvreté et à la fière dissimulation de la pauvreté qu'on peut attribuer une grande partie du sentiment de suspicion qui prévaut en Espagne. On peut dire qu'un grand nombre d'Espagnols sont aisés dans la rue et pauvres au foyer. La famille du *temple Bocetos* al de Pereda, qui choisit sans hésitation de vivre de pommes de terre pour pouvoir s'habiller luxueusement, n'est pas un exemple isolé, et à Madrid beaucoup vivent dans des chambres nues et voyagent en calèche. Les Espagnols sont plus attentifs aux apparences que toute autre nation. La propreté universelle et l'élégance militaire de leur tenue doivent susciter l'admiration. Mais regardez un pauvre homme plier et replier le bord extérieur brillamment doublé de sa *capa* afin que les parties les plus usées du velours n'apparaissent pas - la *capa* qui peut elle-même couvrir une multitude de péchés (*la capa todo lo tapa*) qui rappelle le passage de Shakespeare :—

" *Armado* : La vérité est que je n'ai pas de chemise. Je pars en laine pour faire pénitence.

Boyet : C'est vrai, et cela lui a été enjoint à Rome faute de linge.

Ou suivez un officier intelligent dans les rues jusqu'à sa maison. La position et l'entrée de la maison ne vous prépareront pas à sa splendeur décroissante à mesure que vous monterez escalier après escalier vers les pièces nues où il habite. Il y a beaucoup de *postizo* , de faux et d'artificiels à l'extérieur, comme les Espagnols eux-mêmes l'avoueront amèrement. Les apparences doivent être préservées. Ainsi Bacon dit-il : « Il existe une opinion selon laquelle les Français sont plus sages qu'ils ne le paraissent et les Espagnols semblent plus sages qu'ils ne le sont », et beaucoup de leurs maisons sont construites non pour y vivre mais pour regarder. D'où, en partie, un élément inquiétant de méfiance, de « soupçons qui disparaissent toujours au crépuscule », étranger à la nature franche et ouverte des vrais Espagnols. « De toute entreprise espagnole », écrit Señor Benavente en 1909, « on peut dire, à partir des célèbres *Cortès* , qu'elle est « déshonorée alors qu'elle n'est pas encore née ». Le résultat est que celui qui est jaloux de sa réputation évite tout contact avec toutes les affaires commerciales comme le terrain, et les affaires tombent entre les mains d'hommes qui ne sont pas troublés par aucun scrupule. pauvreté que de notre moralité. Il y a une telle pénurie d'argent qu'il devient incompréhensible que celui qui en a la charge ne parvienne pas à en garder une partie pour lui-même... Nous sommes d'ailleurs si fermement attachés aux idées démodées de la noblesse : *rancias hidalguías* — que, malgré notre besoin pressant d'argent, nous considérons toujours son acquisition comme méprisable ; aussi préférons-nous le chercher par des voies souterraines, comme si c'était un crime de le chercher à la lumière du jour.

Le soupçon des choses nouvelles a toujours été à la fois la force et la faiblesse de l'Espagne. [43] Au XIXe siècle, cette suspicion s'exprimait dans un patriotisme poussé à son extrême conclusion logique. Les réformes de Napoléon étaient-elles de nature à profiter à l'Espagne dans une mesure inestimable ? Pour l'Espagnol, c'étaient les mesures tyranniques et insidieuses d'un usurpateur. Son frère Joseph était-il intelligent, bien intentionné, conciliant ? Pour l'Espagnol, il a toujours été le buveur aux yeux louches, *Pepe Botellas*, et il était vain d'insister sur le fait qu'il ne louchait pas et ne buvait pas. Le roi Amédée était-il un dirigeant éclairé, courageux et effacé ? Pour l'Espagnol, il était un intrus, qu'il fallait traiter avec négligence, insolence ou dédain. Cette méfiance était peut-être insensée et préjudiciable aux intérêts de l'Espagne, mais elle était à bien des égards noble et admirable. Aujourd'hui, cependant, nous avons plutôt le revers de la médaille, un pessimisme à l'égard de tout ce qui est espagnol et une tendance insensée à imiter les choses étrangères. Sous son *apparence extérieure* de fierté hautaine, l'Espagnol est parfaitement conscient de ses limites ; il n'a aucune confiance en ses propres actions ni en son pays, ou plutôt sa confiance n'est que momentanée et ne se maintient jamais. C'est sans doute un signe non de progrès mais de dégénérescence que d'échanger la *capa espagnole*, particulièrement adaptée à un climat de soleil chaud et d'air froid, contre des pardessus anglais ou la mantille convenable contre la dernière mode des chapeaux parisiens. Ce n'est pas nécessairement un signe de progrès que d'échanger la vieille piété espagnole contre les dernières nuances de scepticisme, ou d'abandonner la vie simple d'un *hidalgo* en province pour les oisifs, vie dissipée dans la seule capitale et cour. Le désir d'être très moderne est actuellement une bonne chose en Espagne, mais il ne consiste pas nécessairement à laisser de côté les vieilles traditions et à rejeter avec méfiance les coutumes espagnoles qui sont excellentes. Cette exaltation des coutumes étrangères et cette dépréciation des leurs, qui a été fréquemment observée chez les Espagnols, sont dues plutôt à un orgueil inversé qu'à l'humilité ; au début du XIXe siècle, mépriser les choses espagnoles et adorer les choses françaises était considéré comme une marque de la culture espagnole, mais les Espagnols croient toujours au fond d'eux-mêmes, [44] ils louent les pays étrangers avec leurs lèvres, mais continuent de placer l'Espagne en premier, et s'ils imitent, ils donnent à leurs imitations une saveur particulièrement ibérique . Le regretté évêque Creighton, examinant l'histoire de l'Espagne, a fait remarquer qu'elle « laisse la curieuse impression d'un pays qui n'a jamais rien fait d'original – tantôt les Maures, tantôt la France, tantôt l'Italie l'ont influencé ». S'il en est ainsi, les Maures, la France et l'Italie ont certainement réalisé en Espagne quelques-unes de leurs œuvres les plus originales ; et on peut difficilement dire que les grands découvreurs et conquérants espagnols, peintres, philosophes et poètes des XVe, XVIe et XVIIe siècles n'étaient pas originaux, qu'ils aient été influencés par les Maures, les Français ou les Italiens. [45] Mais en effet, l'Espagnol repousse plus facilement qu'il n'assimile, c'est sa vertu et son défaut ; il reste isolé et seul, difficile à convaincre, impossible à gouverner. De nouvelles théories politiques et sociales venues de France se répandent en Espagne, mais elles y servent moins le progrès que l'inquiétude et la rancune de ceux qui n'ont pas envers ceux qui ont. Les réformes dont l'Espagne a besoin ne seront pas favorisées par des émeutes et des troubles, et les démagogues qui les encouragent sont peut-être moins patriotes qu'ils le prétendent. Car l'Espagne a besoin de paix, de longues périodes de tranquillité pour développer ses ressources et apprendre la tâche plus difficile de maintenir dans la prospérité cette force et cette noblesse de caractère indépendante qui ont si clairement brillé dans le malheur. La conclusion donc, si une étude aussi décousue justifie une conclusion, est que les Espagnols sont un peuple fondamentalement noble, courtois et indépendant, énergique et courageux, avec une tendance naturelle à la grandeur et à la générosité, que la pauvreté conduit souvent à de vaines démonstrations et à la qui en résultent suspicion et méfiance. Ils auront d'immenses peines à « supporter leur indigence », mais auront plus de considération pour l'apparence que pour la réalité et la substance du bien-être, pour le spectacle artificiel, soutenu par un soin et une ingéniosité infinis, que pour un bien-être plus solide. prospérité, basée sur des efforts sérieux. Leur réalisme, mettant en relief l'apparente mesquinerie du quotidien, les fait rêver et tisser de fragiles palais abstraits de belles phrases ; ils n'ont pas cette qualité utile de précision, de compréhension de la valeur et de l'importance des détails et de l'effort graduel, des centimes et des minutes : ils frapperont une pierre en deux d'un grand coup, mais l'idée qu'elle pourrait être transpercée par des gouttes de *saepe* d'eau *le cadendo* leur est étranger, et souvent ils visent le million et ratent une unité. C'est une nation de personnages fortement originaux, agissant par impulsion et par intermittence, et pensant de manière extrême ; échouant souvent face à la prospérité, mais fier, résolu et patient face au malheur ; souvent magnifiquement imprudent, mais jamais méprisable, sauf pour ceux dont le culte est celui de la richesse et du succès ; un peuple admirable mais inconfortable, ne s'adaptant pas facilement aux conditions modernes, mais avec lequel il faut toujours compter comme une force énergique et vitale, qui ne s'incline pas définitivement devant la défaite.

II

VOYAGE EN ESPAGNE

C'est bien sûr Samuel Johnson qui a dit : « Il y a une grande partie de l'Espagne qui n'a pas été parcourue », et la remarque est toujours valable pour ceux qui, comme Don Quichotte, souhaitent « partir à la recherche d'aventures ». Les histoires de brigands, « inventées », comme dirait Ford, « pour le marché intérieur », sont maintenant légèrement explosées, et peu de voyageurs s'attendent à trouver à chaque détour...

« Cent coupe- jarrets à faces renégates
Coiffés de montéras et chaussés d'Alpargates .

Pourtant, encore aujourd'hui, peu d'étrangers réalisent qu'ils peuvent traverser et retraverser la péninsule du nord au sud et d'est en ouest en parfaite sécurité. Ils ne rencontreront aucun épisode de cape et d'épée ; leurs aventures doivent être d'un autre ordre. Il est vrai que l'Espagnol peut se servir de son couteau, mais le couteau entre en jeu dans les querelles de cartes, d'amour et de jalousie, dans lesquelles le voyageur de passage ne peut avoir aucune part. Cependant, ceux qui mesurent la culture par le confort et souhaitent voyager en tant que passagers réguliers de première classe tout au long de leur vie devraient certainement limiter leurs voyages en Espagne à quelques villes :

" Erret et extremos scrutetur alter Iberos »,

et, aussi rapide et conventionnel soit-il, un voyage qui inclut l'Alhambra, la mosquée de Cordoue, les cathédrales de Séville, Tolède et Burgos [46] et les galeries de tableaux de Séville et de Madrid, ne peut guère être considéré comme ayant été vaine. Mais pour connaître l'Espagne et les Espagnols, il faut aller plus loin, dans les petites villes et villages d'Andalousie et de Castille, car ici, plutôt que dans les plus grandes villes, se trouve le véritable esprit de la course. On ne peut encore atteindre que par des sentiers équestres environ cinq mille villages, et dans ceux-ci il n'y a eu que peu de changements depuis que Cervantès faisait sa tournée pour percevoir les impôts ; de sorte que pour ceux qui veulent sortir des sentiers battus, il reste encore de nombreuses régions inexplorées et beaucoup de connaissances de première main à glaner sur le pays et ses habitants. Pour beaucoup, sans aucun doute, l'Espagne est le pays de la danse, du chant et de la joie brûlée par le soleil, du battement des éventails et de l'éclair des yeux sombres ; le pays de la corrida et de la mantille blanche et des œillets dans les cheveux ; de ruines romaines et de palais maures au milieu de bosquets de myrtes et d'orangers ; de-

"Des formes masquées, le tintement des guitares,
Un bruit de pieds et de rapières qui s'entrechoquent,
Puis un silence profond avec des étoiles essoufflées,
Et au-dessus d'une main blanche qui clignote."

et s'il y a des ombres sur le tableau , ce sont celles du brigand et du prêtre-inquisiteur. Vient ensuite la réaction inévitable. Ceux qui visitent l'Espagne découvrent que c'est pour eux effectivement *un pays de l'imprévu* . L'ancienne image dans leur esprit périt bientôt, et ils crient sur ce « ciel » . insalubre », ceci...

" paye endiablé ;
Nous y mangions , au lieu de farine de blé ,
Des rats et des souris et pour toutes ribotes
Nous avons dévoré beaucoup de vieilles bottes.

Mais, à en juger par de nombreux livres publiés sur l'Espagne, la plupart des pays européens semblent s'être ligués pour considérer la péninsule uniquement comme une terre d'irréalité poétique, ses habitants divisés en inquisiteurs, moines, brigands et conspirateurs, prêtant —

" le couleur de romance
À chaque circonstance insignifiante.

Un compte rendu équilibré et précis du pays est singulièrement rare. Il est vrai qu'à certains égards l'Espagne a peu changé depuis le XVIe siècle, mais d'un autre côté, au cours du XXe siècle, alors qu'elle a fait des progrès laborieux, les idées étrangères sur l'Espagne sont restées stationnaires, avec des préjugés et des opinions fixes. d'il y a cinquante ans. Aucune erreur ou exagération concernant l'Espagne n'est trop ridicule pour être affirmée et facilement crue, et ceux qui ne pensent pas à étudier la péninsule dans les jours calmes, sauf comme une terre de vague romantisme, lorsque des problèmes surviennent, sont officieux avec de sages critiques et un bon sens sévère. , basé sur l'ignorance. Tout récemment, les visions hystériques de prisonniers torturés dans les cachots espagnols, ainsi que de cruauté et d'avidité sacerdotale, pourraient persuader quelqu'un que les « Petits Renards » de M. Kipling n'ont pas été écrits avant, mais après les événements de 1909 en Espagne. On oublie que c'est de l'Ethiopie, et non de l'Espagne, que M. Lethabie Groombride , député, s'exclame : « Quelle oppression insensible ! Les endroits sombres de la terre sont pleins de cruauté ! Comme les indigènes de l'Ethiopie, les courtois Espagnols sont « très contents de vos condescendances » ; mais eux aussi ont le sens de l'humour et constatent avec amusement l'ignorance des nations qui déclarent que le principal besoin de l'Espagne est de plus d'éducation et de culture.

Pour le voyageur qui souhaite explorer les régions reculées de l'Espagne et échapper aux trains espagnols, la méthode la plus simple est de procéder à cheval. La marche, le vélo et l'automobile sont possibles dans le Nord, et surtout dans les provinces basques, où les auberges sont bonnes et les routes excellentes. Mais dans la plupart des régions d' Espagne , cela est pratiquement impossible ; les routes sont trop pierreuses ou trop poussiéreuses même pour la marche, et d'ailleurs, dans cinquante kilomètres , on ne trouve guère une auberge. Reste la *diligencia* — *coche* , *tartana* , *diabla* , appelez-la comme vous voudrez — mais une seule expérience suffira probablement. Il roule et fait une embardée lourde au son des cris forts et continus du conducteur à ses chevaux : *Caballo- allo - allo-allo* , *Mula -ula-ula-ula* . Le voyageur , s'il a le malheur d'être à l'intérieur, est frappé contre les parois en bois, les vitres claquent, les cloches tintent, le véhicule tangue lentement sur sa route, gémissant et se plaignant de la largeur, ainsi que de la longueur, de la route [47] — *nosotros aussi llegaremos* , *si Dios quiere* , comme disait un conducteur croisé par des voyageurs plus rapides , « si telle est la volonté du Ciel ». Parfois, dans une gare de campagne, on peut voir un garçon qui est un pilier de poussière ou de boue. C'est le *zagal* de la *diligencia* , qui court à ses côtés dans la terre et la fange, poussant les chevaux, ou se reposant sur la marche du fond. Parfois, la *diligence* descend dans les lits des rivières, généralement asséchés ; et après beaucoup de pluie, il a tendance à rester là, et l'obscurité tombe et les grenouilles coassent moqueusement, tandis que d'autres mules sont amenées pour aider au travail de désincarcération. Souvent, elle se déroule la nuit, projetant des ombres étranges et fantastiques dans les rues étroites des villages endormis. Le conducteur doit non seulement subir des chaleurs et des froids extrêmes, mais il est souvent exposé aux congères, aux torrents gonflés et aux rochers venant des flancs des collines. Un aubergiste navarrais, un vieux soldat de Santa Cruz, présentait un chauffeur d'une *diligencia* comme « l'homme le plus courageux de ma connaissance ». Les voyageurs espagnols acceptent tous ces inconforts avec une résignation et une sérénité merveilleuses et fatalistes ; mais *même* un piéton ira plus loin et s'en sortira mieux en un après-midi qu'un voyageur assidu pendant une journée entière. Pourtant, en tant qu'expérience unique, une démarche *de diligence* doit être entreprise ; et le conducteur est de bonne compagnie, économisant son temps des éloges et des reproches bruyants infligés à ses mules pour faire des commentaires concis sur les vivants et les morts…

"Les croix dans les cols,
les mules gaies avec des glands, le vacarme bruyant
des muletiers, l'âne attaché
qui coupe l'herbe poussiéreuse du bord du chemin,
et les cavaliers aux éperons d'airain
descendant à l'auberge."

Les auberges, *mesones* , *ventorrillos* , *ventas* , *posadas* , *paradores* , sont encore à peu près les mêmes qu'au temps de Cervantès, moyennement propres, excessivement inconfortables, dépourvues de meubles et de nourriture. [48] Toujours à votre première question, la réponse est : « *Hay de todo* , nous avons tout », mais à votre question ultérieure, le *todo abstrait* se réduit à *nada* . Mais pour comprendre le peuple espagnol, rien n'est plus intéressant et, pourrait-on ajouter, plus agréable que d'écouter leurs conversations assis autour d'un grand feu d'auberge où crépitent des brindilles parfumées qui brûlent sur le sol de pierre de la cour et de la cuisine. L'inconfort et les difficultés du voyage dans les régions reculées de l'Espagne sont largement récompensés. On voit ici un paysan solitaire labourant une terre si escarpée et si escarpée que les pierres claquent à mesure qu'il avance ; là, les mules se tiennent heure par heure à la charrue pendant que les paysans, en l'occurrence les domestiques d'un grand domaine, jouent aux cartes, les grands *botijos* d'eau en faïence étant prêts à leur main ; ou bien un groupe d'ouvriers des champs se tient debout, grelottant au petit matin, autour d'un grand *puchero commun* , trempant tour à tour leurs cuillères et élevant tour à tour le *bota* bien au-dessus de leurs têtes pour boire ; ou bien on aperçoit quelque robe de paysan [49] aux couleurs brillantes , quelque ancien costume disparu de cuir ou de velours, de broderies de soie ou de boutons d'argent - à chaque instant une coutume pittoresque, une scène et une couleur pittoresques curieuses apparaissent, et le discours apparaît. des paysans est un délice. Les deux voyageurs anglais les plus prospères en Espagne furent sans aucun doute Ford et Borrow. Ils ont gagné le respect de toutes les classes d'Espagnols et ont vu pratiquement toute la vie espagnole il y a trois quarts de siècle. Borrow se décrit un jour comme « habillé à la manière des paysans du quartier de Ségovie en Vieille Castille, c'est-à-dire que j'avais sur la tête une espèce de casque de cuir ou *montera* , avec une veste et un pantalon du même tissu ». Et Ford dit : « Dans tous les quartiers reculés, le voyageur peut adopter le costume national de la route, à savoir le chapeau pointu (*sombrero gacho*), la veste de fourrure (*zamarra*).» Mais sans le chapeau à visière, aujourd'hui presque disparu, ni le casque de cuir de Borrow , quelques changements de tenue vestimentaire et surtout ce que Ford appelle « une *manta castillane gracieuse et sans manches* » ou plutôt *capa* , parfaitement adaptée au climat, apporteront de nombreux avantages. Car au voyageur ordinaire , muni d'un livre rouge et d'un appareil photo, l'Espagnol révèle difficilement sa véritable nature et reste un mystère impénétrable ; non que l'étranger se rende souvent compte de l'existence de l'énigme non résolue, l'Espagnol présentant un nombre suffisant d'aspects frappants pour produire une impression superficielle rapide. Les meilleurs guides de l'Espagne restent les « Rassemblements » de Ford, une connaissance approfondie de « Don Quichotte », une connaissance parfaite de l'espagnol et, enfin, les conseils des Espagnols, car, comme l'a sagement observé Sancho, « *más sabe el nécio fr ta maison que le corps à la maison* ajena . Le voyageur en Espagne peut, dans la chaleur de l'été, écouter le clapotis argenté des fontaines dans *les patios de marbre* et ressentir la fraîcheur des Sierras enneigées ; il peut tôt le matin cueillir des oranges congelées pour les manger plus tard sous un soleil brûlant ; mais c'est ce soleil qui, avec les vents froids, tend à limiter ses errances à une brève période du printemps ou de l'automne. Martial dit en effet :

" Estus sereins auréo franges Tago
Obscurus umbris arborum . »

mais sous le soleil brûlant de Castille — et l'on dit qu'il y a 3 600 heures de soleil par an — l'imagination ne produit pas de teintes dorées dans le Tage, et les arbres sont rares. Le voyageur trouvera à peine le confort, mais la serviabilité et la courtoisie de tous côtés. S'il est sage, il imitera cependant les Espagnols non-seulement un peu dans leur habillement, mais beaucoup dans leurs manières. Il s'armera d'une patience inaliénable. Il sera courtois même s'il s'irrite du retard. Sa courtoisie ne restera jamais sans réponse. " *La Cortesía tenerla con quien la tenga* , Gracieuseté de celui qui l'a », comme dit l'un des personnages de Calderón. L'argent rapporte souvent beaucoup, mais l'offre d'une cigarette ou d'un cigare n'est souvent pas moins efficace. Sans une attitude courtoise, l'argent sera traité comme une insulte et le cigare refusé. Calderón dit encore : « *El sombrero y el dinero son los que hacen amigos* , Lever le chapeau et l'argent font la plupart des amis. » Peu de peuples se respectent autant que les Espagnols et recherchent le respect des autres. "Le sensible Espagnol se hérisse comme un porc-épic face au soupçon de dédain." Ils n'oublient pas qu'ils furent autrefois le plus grand peuple d'Europe, et ils considèrent comme un accident que la marche de la civilisation moderne les ait laissés derrière, étant en fait trop mécaniques pour que leur orgueil puisse l'adopter. Et pourtant, la règle d'or du voyageur en Espagne est de ne jamais être pressé ni de ne jamais montrer qu'il est pressé, car ce faisant, il augmenterait les retards et irait à l'encontre de son objectif. Il doit apprendre à fond le proverbe espagnol : *Paciencia y barajar* , « Patience et battez les cartes ». Il trouvera la patience et la courtoisie au-dessus des rubis. L'Espagnol, si sensible et si excité, reste insensible aux retards et aux petites tyrannies officielles qui plongent un Anglais dans une sorte de désespoir et de fureur d'impatience. [50] Mais les fonctionnaires inférieurs en Espagne ont tendance à être ignorants et suffisants, très officiels, et de brèves enquêtes ne font que leur rappeler qu'ils représentent toute la majesté de la loi et de l'État ; ils multiplient les haussements d'épaules et les impénétrables *No* se *puede* . D'un autre côté, un discours poli, même s'il occupe plusieurs des quelques minutes dont le voyageur peut disposer, est en Espagne du temps bien dépensé et fait des miracles ; si, du moins, il persiste à considérer la valeur du temps. , et n'a pas trouvé plus simple d'accepter les méthodes moins précises de l'Espagnol. Car il peut demander dans une cathédrale : « Quand va-t-on célébrer la messe ? et la réponse est : « *Non , Señor ; Cuando vengan Los canónigos* » – quand c'est le bon plaisir des chanoines de paraître ; ou il peut demander dans une gare : « Quand le train démarre-t-il ? et il ne faut pas s'étonner si la réponse est encore une fois : « *No sé , Señor* ». Il ferait mieux de se contenter une fois pour toutes de prendre le petit déjeuner à cinq heures du matin et trouvera une consolation en pensant qu'ici au moins il n'y a pas de précipitation et de tension inconvenantes, dans ce pays original et exquis de Demain . *por la mañana* .

III

SUR LA FRONTIÈRE ESPAGNOLE

La Bidasoa , dans la dernière partie de son cours, sépare l'Espagne de la France. Cela divise davantage le basque du basque. Elle a donc un intérêt local et historique. C'est le théâtre de la contrebande entre Basques français et espagnols et, en tant que fleuve frontière, il a connu dans le passé de nombreux épisodes surannés et solennels - le passage des troupes de Wellington, par exemple, en 1813, ou l'échange en bateaux de François I. contre deux otages (ses fils) en 1526, le roi montrant une hâte empressée de vaincre le fleuve et d'atteindre les habitants amis de Saint-Jean de Luz [51] et les murs protecteurs de Bayonne. Mais c'est la beauté passagère de toute la vallée de la Bidasoa qui attire le visiteur, la beauté de la rivière, des collines et des villages au bord de la rivière. La Bidasoa est belle tout au long de son cours d'où elle prend sa source près du village de Maya, un petit ruisseau de montagne qui coule rapidement à travers des bois de chênes et de châtaigniers. Parfois, les collines s'effondrent brusquement, l'eau est profonde et vert foncé en dessous, et il y a un aspect d'Ullswater autour des collines et de la rivière. Un peu au-dessus d'Endarlaza , la route quitte la rivière, et de là on peut apercevoir la Bidasoa d'une beauté inégalée. Car il s'étend sur une longue étendue irrégulière, irrégulière à cause des épines rugueuses des collines couvertes de rochers et de buissons de buis. À chaque crête de colline, on pourrait s'attendre à ce que la rivière se courbe et disparaisse, mais elle apparaît néanmoins au-delà. Plus près du village de Vera , son cours d'eau se rétrécit et l'eau fouette les rochers, magnifiquement blancs et verts. La rivière est connue aussi bien des pêcheurs que des contrebandiers et carlistes et amoureux de la Nature. Certes, les voyageurs les plus sages , avant de passer aux mornes plateaux de Castille, resteront pour explorer cette petite bande de pays verdoyant, avec ses bois frais, ses vallées et ses villages pleins d'état et d'antiquité. Vera, dans un creux ensoleillé, exerce une fascination particulière. Les balcons couverts de vignes et les toits en saillie maintiennent les maisons à l'ombre, et sur deux côtés se fait entendre le bruissement et le courant de l'eau. Les maisons se dressent sur différents niveaux, plusieurs étages étant montés toit sur toit, de la rivière à l'église. Ils sont curieux par leurs pierres sculptées, leurs contreforts pittoresques sculptés, leurs portes cloutées ou leurs arcs arrondis menant à la cour extérieure, leurs fous balcons de bois, leurs armoiries, leurs inscriptions. À l'entrée même de la Bidasoa se trouve Fuenterrabía , sous le Jaizquibel en pente douce . C'est une petite ville aux rues merveilleuses et étroites, escarpées et tortueuses, et aux maisons saillantes sculptées dans le bois et la pierre. En face se trouve une petite baie noire de bateaux de pêche et, vu de l'autre côté de l'eau, le groupe de maisons de Fuenterrabia , jaunes, brunes et grises, couronné par l'ancienne église et le château du Xe siècle, est d'une beauté rare et enchanteresse. . Non seulement une étroite bande de rivière, mais plusieurs siècles la séparent d' Hendaye en face, avec son rivage sur la Bidasoa et son rivage sur la mer, et ses bois au-dessus de la rivière, peuplés au printemps de jonquilles. Le passage soudain de tout ce qui est français à tout ce qui est espagnol ne peut que surprendre. Cela est dû, sans aucun doute, au fait que, sous la civilisation et la langue française et espagnole, les peuples ont une langue et une civilisation plus anciennes communes aux deux côtés. Le basque parlé varie peu, étant à peine un peu plus répandu en Espagne qu'en France. Mme. d'Aulnoy remarqua le changement brusque qu'opéraient quelques mètres de déplacement. « C'est sûr, dès que j'ai passé la petite rivière de Bidassoa , je n'ai été compris que si je parlais castillan ; et pas plus d'un quart d'heure auparavant, je n'aurais pas été compris si je n'avais pas parlé français. [52] Les obstacles et les retards commencent : « Voici les percepteurs qui vous font payer tout ce que vous transportez avec vous, sans excepter vos vêtements . Cet impôt est exigé à leur gré et est excessif pour les étrangers. Les lettres ne sont plus reçues dans un service bien ordonné : « Il y a dans ce pays un très mauvais ordre en matière de commerce, et quand le transporteur français arrive à Saint-Sébastien, toutes les lettres qu'il apporte sont remises à d'autres qui sont bonnes. valets de pied et soulagez-vous les uns les autres. Ils mettent leurs paquets dans un sac attaché à leur épaule avec des cordes pourries, ce qui fait qu'il arrive souvent que les secrets de votre cœur et de votre famille soient révélés au premier curieux qui enivre le Footpost. Mme. d'Aulnoy s'irrite de l'inintelligibilité du basque : « Ce pays qu'on appelle la Biscaye est plein de hautes montagnes où se trouvent plusieurs mines de fer. [53] Les Biscayens gravissent les rochers avec autant de facilité et de rapidité que les cerfs. Leur langue (si l'on peut appeler un tel jargon) est très pauvre, puisqu'un seul mot signifie abondance de choses. Il n'y a que ceux qui sont nés dans le pays qui peuvent le comprendre ; et on me dit que jusqu'au bout il peut être plus particulièrement le leur, ils n'en font aucun usage dans l'écriture : ils font apprendre à leurs enfants à lire et à écrire le français et l'espagnol selon quels sujets du roi ils sont. « On dit qu'ils se comprennent », disait Scaliger à propos des Basques, « mais, pour ma part, j'en doute. » La scène de paix la plus célèbre dont ont été témoins les Bidasoa fut la réunion tenue à l' *île des Faisans* , ou *de la Conférence* , une île étroite, aujourd'hui réduite en une simple bande par le courant de la marée, entre Philippe IV. d'Espagne et Louis XIV. de France en 1660. C'était une scène d' une splendeur et d'une magnificence somptueuses, et Velázquez, alors dans la dernière année de sa vie, surveilla les décorations et assista à l'entrevue. [54] Mais le plus souvent, nous entendons parler de la Bidasoa comme d'une scène de conflits et d'anxiété, de fuite et de poursuite. Le fleuve lui-même fut l'objet d'un différend entre les gouvernements de France et d'Espagne, jusqu'à ce qu'il fut décidé que la moitié appartenait à la France, l'autre à l'Espagne ; au centre du pont de Béhobie se trouve la ligne de démarcation, marquée en bleu pour la France et en rouge pour l'Espagne. À maintes reprises, la vue de ses eaux, coulant rapidement vers la mer, a été accueillie favorablement par des hommes en danger de vie et de liberté. Le colonel Péroz [55] a décrit de manière graphique sa fuite en traversant la rivière à la nage lors de la dernière guerre carliste. Le 5 mai 1808, Marbot atteint la Bidasoa , après avoir chevauché jour et nuit en pays hostile pour apporter à l' Empereur (alors au château de Marrac , près de Bayonne) la nouvelle du soulèvement du *Dos de Mayo* à Madrid. Au début de novembre, Napoléon lui-même passa la frontière, et, tandis qu'il parcourait rapidement la *route d'Espagne* et sous l'église d' Urrugne , avec sa vieille et triste inscription, [56] il ne pensait pas que l'entreprise dans laquelle il était maintenant engagé devait être une cause principale pour l'amener rapidement à la dernière heure qui tue.

Au Moyen Âge, les pèlerins se rendant au sanctuaire de Saint-Jacques traversaient le Pays basque et franchissaient les frontières, craignant pour leur vie. Les Basques étaient féroces et courageux et friands de pillage. En 1120, un évêque fut obligé d'abandonner ses vêtements épiscopaux et n'emmenant avec lui que deux serviteurs et un guide qui comprenait la « langue barbare des Basques », ainsi passa à Compostelle . Plus tard, les pèlerins chantaient en quittant Irun :

« Adieu la France jolie
Et les nobles fleurs de lys
Car je m'en vais fr Espagne ,
C'est un étrange pays.

et je regarderais en soupirant la bonne humeur de la France :

« Quand nous fumes à Saint Jean de Luz [57]
Les biens de Dieu en abondance,
Car ce sont gens de Dieu élus ,
Des charités ont souvenance . »

L'ancienne voie d'accès à l'Espagne était la voie romaine de Dax à Saint-Jean-Pied-de-Port et Roncevaux, où, en effet, et non « par Fontarabie », Charlemagne fut attaqué par les Basques ; [58] mais souvent cette route était rendue impraticable par la guerre. Au milieu du XIIe siècle, le Pays basque français passa, avec le reste de l'Aquitaine, en possession de la couronne anglaise, et désormais nombreuses furent les batailles et les raids frontaliers entre les Basques des deux côtés. En 1296 on lit qu'il y eut une trêve dans les querelles entre Saint-Sébastien et « Fuent Arrabia », et d'un accord passé entre eux pour « ne pas envoyer ni prendre de pain, ni de vin, ni de viande, ni d'armes, ni de chevaux, ni d'autres marchandises à Bayonne, ou en

Angleterre, ou en Flandre, tant que durera la guerre entre le roi de France et le roi d'Angleterre. Le 19 juillet 1311, la paix est conclue entre Bayonne et Biarritz (Beiarritz) d'une part, et Laredo, Castro- Urdiales et Santander d'autre part. Quelques années plus tard, on retrouve le roi de Castille écrivant au roi d'Angleterre pour se plaindre de la saisie des biens de ses vassaux de Biscaye par le sénéchal d'Aquitaine, « contre tout droit et raison » . Comme souvent avant et après » fr ce temps éviter une grande rancune entre le roy d'Angleterre et les Espagnols . En 1352, un traité est conclu entre « l'Angleterre et les habitants de la côte de Cantabrie », célèbres pour leurs prouesses dans la capture des baleines ainsi que dans la guerre des frontières, et qui entrent en rivalité avec les pêcheurs anglais. En 1482, des « intelligences amicales » sont conclues à Westminster entre « Édouard, par la grâce de Dieu, roi d'Angleterre et de France et seigneur d' Irlande » et « les habitants de la noble et loyale province de Guipúzcoa ». [59] Au XVIIe siècle, les raids frontaliers se poursuivirent et en 1636 (comme auparavant en 1558) la ville de Saint-Jean de Luz fut prise et pillée par les Espagnols. Dans les collines, près du petit village de Sare , les Espagnols de Vera furent vaincus, et Sare arbore encore sur les murs de sa *mairie* les armoiries données par Louis XIV. après la victoire remportée par la bravoure de ses habitants, avec l'inscription suivante en basque : — « Récompense de courage et de fidélité, donnée à Sare par Louis XIV. en 1693. » [60] Dans la guerre d'Espagne, Sare et sa montagne, La Rhune , jouèrent un rôle important, et de nombreuses descriptions frappantes, comme celle-ci, se trouvent à Napier : « Le jour s'était levé avec une grande splendeur , et trois coups de canon furent tirés. comme signal d'attaque d' Atchuria . Les Français furent chassés de La Rhune , Sare fut emporté et l'ennemi repoussa Ainhoa et Urdax : « Il était maintenant huit heures, et de la petite Rhune [61] un splendide spectacle de guerre s'ouvrait sur la vue. A gauche, les navires de guerre, naviguant lentement , échangeaient des coups de feu avec le fort de Socoa , et Hope, menaçant toutes les lignes françaises des basses terres, envoyait le bruit d'une centaine de pièces d'artillerie hurlant sur les rochers, à laquelle répondront presque autant de personnes venant du sommet des montagnes. À droite, le sommet de la grande Atchurie [62] était tout juste éclairé par le soleil levant, et cinquante mille hommes dévalant ses énormes pentes avec des cris retentissants semblaient chasser les ombres qui s'éloignaient dans la vallée profonde. La description du passage de la Bidasoa en octobre 1813 est également graphique : « De San Marcial on pouvait maintenant voir sept colonnes à la fois, se déplaçant sur une ligne de cinq milles, celles au-dessus du pont se plongeant d'un coup dans la lutte enflammée, celles en bas, apparaissant au loin comme d'énormes serpents maussades serpentant sur le sable lourd. Le caractère montagneux de la frontière, qui oblige à entrer en Espagne par un ou deux passages étroits, a en effet concentré sur quelques points une variété pittoresque de trafics à travers les siècles, un spectacle historique de soldats, de pèlerins, de contrebandiers, de rois et de reines détrônés ou détrônés. libérés d'emprisonnement, des agents rusés, de magnifiques ambassadeurs, des politiciens fugitifs, des jésuites exilés, des missionnaires hérétiques, des conspirateurs carlistes, avec un grand nombre de visiteurs et d'aventuriers venus de nombreux pays.

IV

ESKUAL-ERRIA

I.— PAYS BASQUE

Il existe peu de peuples plus dignes d'étude que les Basques, et peu de pays plus agréables à visiter et à vivre que les provinces basques. Après les montagnes et les plaines sans arbres et sans abri, et les villages compacts de Castille ou de Navarre, viennent les villages du Pays basque, entourés de verdure et, pour reprendre l'expression d'un romancier espagnol, « tous dans la paix de la prière ». un délicieux contraste. Le ciel n'a plus la rude intensité du castillan, et partout une douceur de contours ; partout aussi le vert est le vert du châtaignier et du chêne, du maïs et du lotier, du pré et du verger à cidre. Le maïs est la principale culture de l'année, fournissant le pain lourd et jaune, *l'artoa*, ainsi que la nourriture pour les bœufs et le matériel pour les nattes, les matelas et même le papier à cigarettes. Les champs sont divisés par des dalles de pierre, et dans les brumes des premiers matins, l'Angelus sonne depuis des tours cachées ; et le seul autre bruit est celui des faux coupant l'herbe ou le trèfle trempé. Tout vrai Basque est issu d'une famille noble et ancienne, et la ferme basque, avec sa façade en bois et ses contreforts saillants sculptés, son large balcon et ses avant-toits profondément ornés, se transmet de père en fils sans changement. Il est entouré de vergers et de champs de maïs, et souvent éclipsé par un immense figuier ou un groupe de splendides noyers. Le toit descend d'un côté jusqu'à atteindre presque le sol. La partie inférieure de la façade est creusée dans une cour, et d'un côté de celle-ci, une porte mène directement à la cuisine spacieuse, avec sa vaste cheminée et ses nombreux ustensiles de bronze et de cuivre décapés, qui forme la pièce principale de la maison. Un escalier sombre et étroit mène aux chambres ; à travers les fissures des planchers, on aperçoit souvent les bœufs dans leurs stalles en dessous. De grands coffres en chêne, certains magnifiquement sculptés, se trouvent dans la plupart des fermes basques. À Biscaye, un grand treillis de vigne, s'étendant sur des poteaux depuis la cour intérieure sous le balcon, approfondit encore les espaces de velours sombre de la façade blanchie à la chaux de la ferme ; à Guipúzcoa, de nombreuses maisons n'ont ni balcon ni treillis, mais sont envahies par de lourdes vignes qui recouvrent souvent entièrement toutes les fenêtres. Aux fenêtres pendent de longues chaînes de piments rouges ou d'oignons blancs ; au-dessus de la porte se trouvent souvent d'anciennes armoiries en pierre ou une inscription avec le nom des fondateurs et la date, et au-dessus une croix ou les lettres IHS. La maison est donc à moitié sacrée. Après la mort du père, le fils aîné devient «

seigneur de la maison, etcheco-jauna », tandis que les plus jeunes émigrent souvent.

C'est de leurs fermes, si chères à leurs yeux, que les Basques tiraient autrefois leurs noms, de sorte qu'ils s'appellent non pas Smith ou Collier, mais Au-tête-de-la-colline (Mendiburu) ou Sous-le- nouveau . -route (Bideberripe). Même aujourd'hui, un Basque du pays n'est jamais appelé par son nom de famille, mais soit par son prénom, soit par un surnom, soit par le nom de sa maison ou de sa propriété. Etche (« maison ») est peut-être le composé le plus courant. Etcheberri (« maison nouvelle ») a de nombreuses variantes : Echeverri , Echevarri , Echavarri (en Biscaye et en Alava, où le basque parlé est plus large qu'à Guipúzcoa , nouveau est « barri »), Chavarri , Echarri , Echave , Xavier, Javer , etc. Le nombre de bascophones ne dépasse désormais guère le demi-million et il est très rare de trouver un Basque incapable de parler espagnol ou français. [63] Parmi les trois provinces hispano-basques, seule Guipúzcoa (capitale Saint-Sébastien) est entièrement basque. A Bilbao, la capitale de Vizcaya, on ne parle pas le basque ; et bien avant d'arriver à Vitoria, la capitale d'Alava, la langue parlée est le castillan. Le basque n'est pas non plus parlé à Pampelune, la capitale de la Navarre, bien qu'il atteigne presque ses murs et qu'il ait eu jusqu'à tout récemment une extension plus large en Navarre, des noms de lieux tels que Mendigorria (« montagne rouge ») ayant survécu. La difficulté de la langue a été quelque peu exagérée ; Il existe une histoire bien connue selon laquelle le Diable a passé trois ans au Pays basque et n'a réussi qu'à apprendre deux mots : *Bai* , « oui » ; et *Es* , « non ». Mais il reste vrai que le système immense et compliqué des conjugaisons basques est presque impossible à maîtriser pour un étranger ; et en même temps, la littérature basque destinée à récompenser l'apprenant est des plus rares. Intéressants en effet sont les proverbes, quelques chants et les pastorales, qui ont été comparés sur plus d'un point au drame grec, mais qui ne sont joués maintenant que dans la province de Soule. La scène, en plein air, est formée de planches plates, appuyées le plus souvent sur des tonneaux. Un rideau coupe un rôle pour permettre aux acteurs de changer de costume, la même personne jouant souvent plusieurs rôles dans une pièce. Le rideau a deux portes, une pour les bons et une pour les méchants. Les bons et les méchants sont strictement séparés. La pastorale est toujours en l'honneur du christianisme et de la religion catholique romaine, et les méchants sont les païens, les Turcs, les Anglais, etc. Le rouge est la couleur des méchants, celle des bons est le bleu ; à cet égard, aucun changement n'est jamais apporté. Les bons marchent toujours lentement et solennellement, mais lorsque les méchants entrent en scène, la musique se change immédiatement en un air vif, et ils ne restent jamais longtemps silencieux, leurs mouvements restant rapides et agités. Le jeu des acteurs est très simple ; un voyage, par exemple, est représenté par le fait de monter et descendre plusieurs fois sur scène. Les personnages sont généralement joués exclusivement par des hommes et des garçons, mais il existe quelques pastorales jouées uniquement par des femmes ; les sexes ne sont jamais mélangés. Les anachronismes étranges et amusants abondent. Dans la pastorale intitulée *Abraham* , Abraham apparaît avec des bottes hautes et un chapeau de feutre ; Sarah dans une robe moderne aux couleurs vives , avec chapeau, voile et éventail ; Isaac porte un ou deux bâtons sur son épaule pour le sacrifice ; l'Ange est un petit garçon en blanc. Il y a ensuite les rois païens et chrétiens, les premiers vêtus de rouge, avec de hautes couronnes ornées de plumes et de rubans, les seconds en bleu avec des couronnes d'or. Au milieu de la pièce, l'un des rois chrétiens quitte la scène et apparaît bientôt au-dessus du rideau et parle avec Abraham. Il représente le « Père éternel ». Les couplets sont prononcés dans un chant fort et monotone, chaque couplet étant littéralement mesuré par le mouvement de haut en bas de la scène, le seul changement étant lorsque la musique devient plus rapide ou plus lente. La musique est composée des deux instruments basques la *churula* , une flûte stridente, et le *tamboril* , une sorte de guitare à six cordes, joués par la même personne. L'étrangeté de la scène, les chants bruyants des acteurs au fur et à mesure que le ton monte et descend, les costumes fantastiques, les danses des « Satans », les prières des chrétiens, et surtout la lente marche et l'action du blues, digne et majestueux et les mouvements turbulents et agités des rouges ne sont pas oubliés de sitôt.

La langue basque, *Eskuara* , a été décrite par l'historienne espagnole Mariana comme « grossière et barbare », et un voyageur parmi les Basques du Moyen Âge a raconté qu'à les entendre parler, on dirait que c'étaient des chiens qui aboient. En anglais, le mot « jingo » dériverait du basque *Jincoa* , « Dieu », introduit par les troupes de Wellington après la guerre d'Espagne. Le mot basque est une abréviation de *Jaungoicoa* , « le Seigneur d'en haut », *jauna* , « seigneur », étant la forme courante de salutation entre paysan et paysan. Il devient de plus en plus rare d'entendre parler le basque pur ; des mots étrangers s'insinuent et, avec l'article défini « a » suffixé, se cachent sous une forme basque : *dembora* (lat. *tempus*) évinçant ainsi le mot basque *eguraldia* pour « temps », *gorphuntza* (lat. *corpus*) étant « corps », et bientôt. [64] Le Basque pur se retire dans des villages reculés dans les montagnes, et là le Basque maintient ses anciennes coutumes, aussi opposées au changement aujourd'hui que lorsqu'Horace le décrivait comme « Cantabrum » . indoctum juga ferre nostra. [65]

II.— DOUANES BASQUES

Un vieux récit latin parle des Basques comme n'allant nulle part – pas même à l'église – sans armes, généralement un arc et des flèches, et dit qu'ils sont « gens affabilis , elegans et hilaris – courtois, gracieux et légers » ; [66]

mais, malgré leur hospitalité connue, leur méfiance à l'égard de l'étranger et leur haine de l'intrusion se manifestent dans plus d'un de leurs proverbes, comme « L'hôte étranger ne travaille pas lui-même et vous empêche de travailler ». Les Basques sont en effet les plus énergiques, car ils sont le peuple le plus ancien de la péninsule. " Naguia bethi Lansu : L'homme oisif est toujours occupé », dit un autre de leurs proverbes ; et encore une fois : « Une jeunesse oisive amène une vieillesse nécessiteuse ». [67] Leurs champs sont bien et économiquement cultivés, et si leurs méthodes sont désuètes, cela est dû en partie à la nature montagneuse du pays et à l'exiguïté des exploitations, ce qui rend plus simple, par *exemple*, le battage du maïs en le battant en gerbe. gerbe contre une pierre. De nombreuses petites usines — de drap comme à Vergara, de papier à Tolosa, de fer et d'acier à Eibar et Elgoibar, de meubles à Azpeitia — et de nombreuses carrières et fabriques de tuiles prouvent leur industrie ; et en entrant dans une petite ville basque comme Elgoibar, on entend de tous côtés dans les petites boutiques le bruit des fabricants de sandales et des ouvriers du bois et du cuir. Ils savent travailler, et ils savent se divertir avec minutie aux fêtes de village. Le dimanche, de l'aube au crépuscule, le bal retentit contre le mur du terrain de pelote, avec des intervalles de danse au son strident du cornemuse et du tambour du *chunchunero*. Voltaire, pensant à leur amour de la danse, les décrivait comme « un petit peuple qui danse sur les Pyrénées », et certaines danses survivent encore. La danse du sabre, *ezpata danza*, est une des plus remarquables et a été décrite par Pierre Loti dans « Figures et choses qui passaient » ; et d'autres danses sont celles qui représentent les méthodes primitives de l'agriculture, la vendange, le tissage, etc. La pelote basque est malheureusement devenue, ces dernières années, un jeu de professionnels, et telle qu'elle se joue, par exemple, à Madrid, l'intérêt *est* plutôt dans les paris que dans le jeu. L'enthousiasme suscité autrefois par le jeu parmi les Basques est illustré par l'histoire selon laquelle plusieurs soldats basques quittèrent l'armée du Rhin, retournèrent dans leur pays pour jouer à une partie de balle et, après l'avoir jouée et gagnée, rejoignirent l'armée à temps. participer à la bataille d'Austerlitz. [68] Un jeu joué dans l'immense cour d'un petit village basque est encore un spectacle splendide, bien qu'il ait perdu beaucoup de sa splendeur, et le vieux Rebot est en train de disparaître rapidement. Pierre Loti a décrit une partie de Blaid, vue dans un village franco-basque, dans son roman du Pays basque « Ramuntcho » ; et cette forme de jeu a été jouée à Paris et à Londres. Mais les vieux paysans hocheront la tête et diront que ce n'est plus « comme autrefois ». L'expression « autrefois » est courante sur les lèvres des Basques français et espagnols ; [69] ils louent volontiers le passé et sont intensément conservateurs de toutes leurs coutumes, de leur langage immémorial, de leurs jeux, de leurs privilèges, de leur religion. Les chars à bœufs, à roues de bois massif, que l'on voit sous les treilles des fermes basques, semblent aussi vieux que le tronc flétri du chêne de Guernica, et de même beaucoup d'anciennes coutumes ont été conservées. Dans certaines régions, lors des funérailles, les hommes portent de longs manteaux qui arrivent jusqu'aux pieds, les femmes portent également de longs manteaux amples avec des capuches qui cachent complètement le visage. Les hommes partent en premier, puis toutes les femmes, hommes et femmes en file indienne, les principales pleureuses venant en dernier. Aux mariages comme aux funérailles, les fêtes étaient autrefois données sur une telle ampleur que la famille était souvent presque ruinée, et une loi (*fuero*) fut votée interdisant d'inviter quiconque sauf les parents au troisième degré. Mais le festin des noces est encore suffisamment imposant ; cela dure de nombreuses heures, et immédiatement après, les jeunes se mettent à danser, tandis que les vieux jouent aux cartes. Quant aux offrandes aux funérailles, « seul un témoin oculaire, dit Larramendi , au XVIIIe siècle, pouvait croire à la quantité de pain et de cire offerte. De plus, lors de ces grandes funérailles, tantôt un bœuf vivant, tantôt un mouton, est apporté en offrande à la porte de l'église, et lorsque le service est terminé, il est emporté et une somme d'argent fixe est donnée à le prêtre." [70] Cette curieuse coutume, survivance des offrandes aux morts et trace du culte des ancêtres, n'a pas encore complètement disparu. Dans un village au moins (Arriba, aux confins de Navarre et de Guipúzcoa), il est d'usage, lors des funérailles, d'offrir du pain et de la cire, et d'apporter à l'église soit un quartier de veau, soit un mouton vivant, qui est ensuite remis au curé. . Les Basques sont intensément religieux et il est caractéristique d'eux qu'avant de se convertir au christianisme , ils étaient la terreur des chrétiens - en effet, les pèlerins de Saint-Jacques-de- Compostelle craignaient à tout moment le passage par les provinces basques, ajoute l'étrange langue. à leurs difficultés (« La Biscaye », disaient-ils, « où il y a d'étrange monde, où je suis sur n'entend pas les gens »). Les Basques se rassemblent chaque dimanche à la messe matinale, souvent par des sentiers de montagne accidentés, depuis des fermes situées à une lieue de là. Mais il ne faut pas croire que les Basques sont dominés par les prêtres ; les prêtres sont respectés et participent souvent à leurs jeux ou parcourent de nombreux kilomètres à travers les collines pour rendre visite aux malades. Mais bien que les Basques soient souvent étroits et fanatiques, ils ont beaucoup trop de dignité et d'indépendance pour être les disciples aveugles des prêtres. Dans les guerres carlistes, ils combattirent principalement pour leurs anciens privilèges, ou *fueros* , et le résultat de ces guerres fut que presque tous leurs *fueros* furent perdus, en 1839 et 1876. « Rien n'est plus juste que la liberté », dit une de leurs chansons. et leur chanson nationale, « Guernikako Arbola », [71] avec son air émouvant, célèbre « l'arbre sacré de Guernica, aimé de tous les Basques ». Dans la petite ville verdoyante de Guernica, un beau chêne neuf, âgé d'une quarantaine d'années, a remplacé le vieil arbre, devenu un simple tronc protégé par une vitre, tandis que dans le petit temple à colonnes sont encore visibles les sept marbres. sièges sur lesquels assemblés—

« Paysan et seigneur dans le siège qui leur a été attribué,
gardiens de l'ancienne liberté de Biscaye. »

Ce sont les deux dernières lignes du sonnet de Wordsworth au

« Chêne de Guernica ! Arbre d'une puissance plus sacrée
que celui qui à Dodone a enchâssé,
ainsi la foi trop affectueusement considérée, une voix divine.

Nobles, beaux, gracieux dans tous leurs mouvements, robustes et astucieux, les Basques sont actifs et infatigables qu'ils soient agriculteurs, contrebandiers, soldats ou *pelotaris* . Ils vivent à l'écart dans des fermes dispersées, une vie saine en plein air (leur mot pour riche est *aberatz* , de *abere* , tête de bétail) et, en effet, dans une ville, ils ont tendance à perdre certaines de leurs qualités. Leur tenue vestimentaire a toujours un air soigné et distingué, avec le *béret* , la chemise blanche (sans cravate), le manteau bleu foncé ou noir jeté sur l'épaule (ou le long chemisier), les sandales silencieuses et le particulier *makhila* , un gros vêtement à pointe de fer. bâton de néflier. Ils se retranchent dans leurs montagnes, race vouée à périr, « un peuple qui s'en Virginie. » Ils ont vu pendant des milliers d'années de nouvelles races naître et prospérer autour d'elles, et au XXe siècle ils ont vu les trains et les automobiles pénétrer dans les lieux inaccessibles où les légions romaines étaient arrêtées, ou où Charlemagne avec toute sa noblesse tombait. Une inscription çà et là les montre s'inclinant devant le destin et la marche incessante du temps dans une résignation attristée, ou s'adonnant à la consolation de leur religion – les inscriptions suivantes, par exemple, le long de la frontière : « L'homme est battu à chaque heure, et le dernier le conduit au tombeau. [72] « Vulnérable omnes, ultima necat ». [73] « Ici fait l'home cequi pevt et fortune ce qu'elle vraiment . [74] « Post fata resurgo ». [75] « C'est l'heure de Deum, Mariam invoca . » [76] « Orhoït Hilcea . » [77] Les privilèges qui restent aux Basques sont peu nombreux, consistant en une centralisation un peu moins aiguë que celle obtenue dans les autres provinces d'Espagne. [78] Ils n'ont plus *de fueros* pour que cela vaille la peine de reprendre les armes, et ils ont encore des souvenirs vifs de leurs champs gaspillés et de leurs fermes désolées lors de la dernière guerre carliste. Mais si leur ancienne religion était réellement attaquée, ou si une tentative était faite pour expulser les moines des provinces basques, on pouvait compter sur les paysans pour faire une résistance désespérée, plus pour défendre leur indépendance que pour les moines eux - mêmes . Les étrangers ont souvent mal compris les Basques [79] , car ils sont réservés et silencieux envers le nouveau venu (« Gizonciki arabe andi », disent-ils : « Petit homme, beaucoup de bruit » ; « le tonneau vide fait le plus de bruit », etc.). Mais on ne soupçonne pas de commercialisme leur amour de la liberté, tel qu'on l'a souvent attribué aux Catalans : ils aiment leur belle terre, l' Eskual-erria , pour elle-même et pour la religion et les coutumes de leurs ancêtres, ainsi que pour les étrangers qui visitez leur pays, apprenez bientôt à aimer et à admirer son vaste pouvoir de guérison et son esprit de paix ancienne. C'est un pays de civilisation sans grandes villes, où existe une relation intime et ennoblissante entre la terre et les habitants.

V

EN NAVARRE DISTRIBUÉE

NAVARRE est considérée comme l'un des principaux bastions du cléricalisme en Espagne, et ses villages sont si éloignés et isolés, sa vie et son agriculture si primitives, ses moyens de communication si rares, qu'il pourrait sembler qu'aucun souffle des temps modernes ne pourrait ont pénétré dans cette province. Située à la frontière de la France, elle est défendue des incursions de la civilisation par ses montagnes et ses vastes étendues désertiques. Dans ces groupes solitaires de maisons en pierre massive jaune-brun, groupées autour de leur église et couronnant des collines rocheuses de la même couleur , il n'y a pas de place pour les divergences d'opinion, et celui qui n'assiste pas à la messe au moins une fois par an est obligé d'aller vivre ailleurs. Si vous demandez comment il peut être contraint de partir, la réponse que vous recevrez sera : « Par la loi, par l'opinion publique ». Tout récemment, un voyageur , arrivé affamé dans un de ces villages de Navarre, avec pas moins de monnaie qu'un Napoléon français, a fait en vain de porte en porte. Personne n'accepterait ce *doblón de oro* (doublon d'or). Finalement, une femme ayant vécu un temps à Salies de Béarn consentit à le recevoir et l'envoya plus tard pour être changé à la capitale, Pampelune. Pourtant, même ici en Navarre, il existe un corps appréciable d'opinion libérale, et même au cœur du pays carliste, à Estella, le Club Carlista se trouve face à l'enseigne du Cercle Libéral ; même ici, sauf dans les petits villages , l'opinion est divisée et la politique des cléricaux et des anticléricaux est discutée avec animation. Ceux qui ont servi dans la seconde guerre carliste reconnaissent que les temps ont changé et que les dirigeants, ou *cabecillas* , ne sont plus disposés à les conduire dans des marches nocturnes rapides à travers les collines, même s'ils sont disposés à les suivre. A Estella, un fort pris par les Carlistes est aujourd'hui un paisible marché couvert, et le palais où Don Carlos tenait sa cour est une agréable *fonda* avec un frais *patio* fleuri. Ceux qui entrent en Navarre par le couvent de Roncevaux et le col où fut tué Roland, et que Byng fut obligé d'évacuer mille ans plus tard, en 1813, avec dix mille soldats, peuvent facilement se tromper en s'imaginant que la Navarre est une terre de prairies. et des bois verts et des ruisseaux agréables. La rivière rapide Urrobi traverse des cols de collines escarpées, mais envahies par des buis, des hêtres et des pins. En été, les parois rocheuses abruptes sont couvertes de digitales, de ronces et de genêts, de scabieuses, de millepertuis, de mauve, de bruyère et de nombreuses autres fleurs et fougères, et par endroits les collines sont rouges de fraises des bois. L' Urrobi se fraye un chemin à travers des barrières de roche grise et des rebords dans des mares vertes et des torrents blancs. Mais ce n'est pas là la vraie Navarre. Là, aucun arbre n'est visible et l'on se trouve perpétuellement dans un large cercle de collines dénudées. Le pays est le plus désolé qu'on puisse imaginer, formé de collines nues, gris cendré (entaillées et entaillées par des lits de torrents asséchés) et de vallées également arides. Le vent siffle et les grillons bavardent bruyamment dans quelques ormes rabougris au bord de la route. Tout est gris sans couleur , et à la fin de l'été, les champs de chaume de loin et de près ajoutent une nouvelle note de désolation, et il semble incompatible avec le caractère du pays que ces champs soient toujours d'un vert frais au printemps. En effet, les creux occasionnels d'oliviers et les parcelles de vigne ont un air irréel dans la nature sauvage environnante de poussière et de schiste en ruine. Pourtant, on peut trouver quelques taches de couleur bienvenues, ne serait-ce qu'une ligne de chicorée ou d'énormes chardons violets le long d'un champ de chaume, ou un paysan aux chemisiers bleus courant sur la route poussiéreuse sur une mule aux atours cramoisis . Et sur les aires de battage autour des villages, où le travail se poursuit jusque tard dans la nuit, souvent par des éclairs, les chemises blanches et les chemisiers bleus des hommes, les robes roses et rouges et les longs foulards blancs des femmes forment un ensemble. scène pittoresque et magnifique à travers les nuages de paillettes volantes et de grains dorés rouges tombant en masses plus lourdes et plus compactes. Car ici le battage se fait entièrement à la main, à l'aide de mulets, de bœufs et de chevaux, qui tournent en rond et entraînent tous les enfants du village sur de petits traîneaux en bois. Lorsque le grain a été ainsi tamisé, le processus est complété en le jetant dans l'air à l'aide de longues pelles en bois et de fourchettes en bois à dents rapprochées. Le blé est cultivé sur les précipices et les flancs des montagnes, et est descendu jusqu'aux aires sur des ânes qui disparaissent sous leur charge bruissante. Les hommes qui vivent dans ce pays sinistre sont également sévères et sinistres, au visage dur, durs et forts ; et, bien qu'hospitaliers et pas méchants, ils sont parfois féroces et obstinés, et parfois cruels envers leurs animaux. Leur nourriture est grossière, mais non insuffisante ; le blé ne manque pas, et avec quelques vignes et quelques olives, ils se contentent d'avoir les trois nécessités de la vie d'un paysan espagnol. Les villages passeraient souvent inaperçus sur leurs collines rocheuses sans l'aspect remarquable de leurs églises sinistres et massives ; l'église de Gallipienzo domine une montagne, et est si solide et si belle qu'elle semble la rapetisser. Ces églises sont visibles sur de très nombreux kilomètres à travers un pays complètement nu, et la nuit, les lumières des rues du village forment, à de longues distances, des lettres étranges et irrégulières sur le flanc d'une montagne, rendant le village bien plus visible qu'il ne le ferait. être de jour. Sansol , un petit village non loin de Logroño , ressemble de loin à une grande forteresse de pierre brune avec de minuscules meurtrières noires (les fenêtres sans verre) ; derrière se trouve une longue colonne vertébrale de colline rocheuse grise et, au-delà, le Mont Jura violet-noir avec un aperçu d'une route blanche. Les hivers en Navarre sont amers et féroces, et l'été le soleil est impitoyable ; mais malgré tous ses aspects rébarbatifs, il récompense les inconforts d'une visite dans ses districts éloignés. Lumbier est comme une Tolède miniature, sur sa colline nue au-dessus de la rivière sinueuse, et Sanguesa , de pierre brun-jaune, sur l'Aragon, de la même couleur , a son église de Santa María magnifiquement sculptée et d'autres belles sculptures sur des maisons privées. Et après quelques semaines de connaissance de ce pays rude et de ses habitants fiers, le voyageur se rendra compte de la possibilité de ces guerres carlistes acharnées qui font encore frémir ceux qui s'en souviennent, et de la difficulté de traquer *les cabecillas* qui connaissaient le pays et de mettre un terme à la guerre.

VI

VILLES ESPAGNOLES

L ' ESPAGNE est avant tout une terre de villes. Souvent, ils se dressent bien en évidence dans une région aride et sans arbres, resplendissant comme des joyaux dans une terre brûlée par le soleil. La bande de pays agréable et fertile, à la frontière française, n'est pas proprement espagnole, mais basque. D'un autre côté, rien de plus espagnol que la petite vieille ville pittoresque de Fuenterrabía . Le nom original était basque : Ondarrabia , « Les deux rives de sable ». Les Romains, entendant ce nom, mais ignorant sa signification et voyant en outre le courant rapide de la marée sous les murs de la ville, l'appelèrent Unda. Rapide . [80] Du latin Unda Rapida ou Fons Rapidus est venue la Fuenterrabía espagnole , [81] et les Français à leur tour, la reliant aux Arabes, l'ont appelée Fontarabie . Le nom basque est cependant toujours utilisé et l'une des rues d'Irun où, comme dans de nombreuses autres villes et villages, les noms des rues sont écrits à la fois en espagnol et en basque, porte le nom à consonance complète Ondarrabiko . Karreka —la rue d' Ondarrabia . Si l'on peut comparer les petites choses aux grandes, les villes du nord de l'Espagne sont comme des châteaux construits par des enfants dans le sable et laissés à sec par la marée descendante. Ville après ville se dressèrent fortifiées et fortifiées à l'extrême limite du territoire chrétien, pendant un temps cour et capitale de l'Espagne, jusqu'à ce qu'une nouvelle conquête repoussa les Maures un tour plus au sud. Cela explique en partie les sombres et merveilleuses villes espagnoles, avec leurs magnifiques bâtiments et fortifications, qui existent encore, mais qui n'ont plus l'agitation d'un grand destin à l'intérieur de leurs murs, mais simplement comme les puissantes coquilles d'une vie éteinte. . Ainsi Burgos, León, Tolède étaient des capitales pour un espace, encombrées par le trafic intense des courtisans et des guerriers, et Avila, la ville des saints, possède les grandes fortifications d'une ville frontière. Il est difficile de croire que Tolède ait changé depuis que le cheval du Cid s'est miraculeusement arrêté devant la lumière brûlante cachée dans le mur d'une de ses rues, et que les porteurs d'eau descendent aujourd'hui tranquillement vers la rivière, les sacoches de leurs ânes. chargé de jarres en terre, comme lorsque Cervantes écrivait « La Ilustre Fregona ». Et en effet, les villes espagnoles sont peu susceptibles de changer. Les routes escarpées et inégales de Tolède, de Salamanque et de Ségovie méprisent la circulation moderne. Le passage d'une calèche est possible dans les rues principales, mais c'est un événement rare qui vibre et se répercute le long des murs. Les processions majestueuses sont plus appropriées, leurs bannières brillamment visibles sur les bâtiments brun-jaune. Ségovie est surnommée la reine des villes castillanes, tout comme Tolède en est le roi. Et Ségovie doit toujours rester médiévale , une ville aux cent étages, s'enfonçant par terrasses de murs à moitié ruinés, touffus d'herbe et de fleurs, depuis la cathédrale jusqu'au pied de son puissant aqueduc romain. Un auteur latin écrivait il y a trois cents ans : « à Ségovie nemo otiosus , nemo mendicus » : il n'y avait pas de mendiants à Ségovie. Il serait aujourd'hui peu prudent d'affirmer cela à propos d'une ville espagnole. L'Espagne n'est pas un pays de « villes soignées et de villages peuplés remplis d'artisans les plus industrieux ». De telles villes – Barcelone [82] Bilbao – existent, mais la plupart des villes sont, selon les mots de Burton, des « villes délabrées », qui abritent de nombreux « flâneurs espagnols », bien qu'elles ne soient pas des « villes basses et pauvres », ni des « villes pauvres ». les gens sont-ils « sordides, laids, incivils ». Les villes du sud affichent une influence plus douce. Le pays environnant est moins abrupt et moins rude, et les traits sévères du nord sont oubliés. Cadix s'étend sur la mer, une Venise espagnole, découpée en rues droites et blanches, comme les tranches d'un gâteau glacé. Séville est toujours merveilleuse, une *merveille* pour les étrangers et les Espagnols. Le romancier espagnol Palacio Valdés, dans "La Hermana San Sulpicio ", l'a décrit pendant les nuits du milieu de l'été, quand parcourir la ville signifiait visiter l'intérieur des maisons, car depuis les *patios* , où les familles étaient rassemblées, de grands rayons de la lumière jaillissait à travers les portes grillagées dans les rues sombres et étouffées, et la guitare et le chant brisaient le silence : « Séville, à une telle heure, avait un aspect magique, un charme qui troublait l'esprit. » Mais parmi toutes les villes du sud, Grenade a une fascination particulière. Cela est dû en grande partie à ses nombreux contrastes. C'est une ville d'orangers et de fontaines, pourtant située à plus de deux mille pieds au-dessus du niveau de la mer, et c'est une ville d'été plutôt qu'une ville d'hiver ; la chaleur la plus féroce est soulagée par l'air frais des neiges éternelles de la Sierra Nevada, et les jardins de l'Alhambra et du Généralife , avec leurs myrtes, cyprès et cèdres, donnent une ombre délicieuse. En hiver, un froid glacial frappe les salles de marbre de l'Alhambra ; pourtant, ce n'est jamais plus beau qu'on le voit en février depuis San Cristobal, ou depuis la colline couverte de cactus au-dessous de San Miguel, ou depuis l'endroit où le Darro coule rapidement bien en contrebas. Car il s'élève au-dessus des branches minces des ormes et des peupliers, grises et en partie violettes à cause de leurs bourgeons gonflés - les tours rouges et jaune-brun, les murs en ruine de terre rouge et de brique et de grandes pierres arrondies et lisses de couleur blanche, ou noire, ou le rouge, le lierre traînant, les galeries ouvertes aux piliers blancs. Quelques amandiers sont en fleurs, et au-dessus à gauche se dressent les longues rangées de cyprès du Généralife gris-blanc , où fleurissent chélidoines et jonquilles. Beaucoup de ces villes espagnoles sont visitées principalement pour leurs grands bâtiments anciens et leurs cathédrales ; pourtant la plupart d'entre eux méritent une étude plus patiente pour eux-mêmes, pour leurs souvenirs d'autrefois et pour la vie de leurs rues étroites et sinueuses. L'écrivain espagnol *Azorín* (Martínez Ruiz), dans un livre de quelques pages [83] , transmet des impressions merveilleusement claires sur l'Espagne. Il se tourne avec préférence vers les détails des siècles de grandeur de l'Espagne, lorsque Murcie, Valence et Séville étaient célèbres pour leurs soieries, Talavera pour ses faïences, Tolède pour ses épées, lorsque les gants d' Ocaña ou les éperons d' Ajofrín étaient sans égal ; ou à la survie de la vieille Espagne dans un tableau, un bâtiment ou une ville. Ainsi, il aime se promener dans León avec son esprit de l'Espagne ancienne et ses noms de rues classiques – ici une *place* pavée avec de l'herbe, des acacias pâles et des murs anciens, le vol lent des colombes et le bruissement des morceaux de papier déchirés par le vent ; là, un paisible *patio* conventuel avec des baies et des cyprès rigides. Pour lui, les rues étroites de Cordoue ont un charme plus profond que celles de n'importe quelle autre ville espagnole. Il erre à travers le labyrinthe de voies sinueuses complexes, avec des aperçus de petits *patios* à piliers de fleurs et de fontaines, et trouve partout le silence et une profonde mélancolie sereine, le repos, l'oubli et une harmonie de nuances douces, nulle part la frivolité légère conventionnellement attribuée. en Andalousie. L'originalité *d'Azorín* consiste à forcer quelques détails apparemment insignifiants à révéler tout l'esprit d'une ville, d'un pays, d'un peuple. S'il mentionne la mosquée de Cordoue, ce n'est que pour remarquer les mendiants prenant le soleil dans le *Patio de los Les Naranjos* , les moineaux gazouillant dans les orangers, le bruit des pichets qui se remplissent à la fontaine. Il nous livre des descriptions poignantes de villes de province mortes et de maisons ancestrales en ruine. La décadence de l'Espagne a réduit les villes florissantes à l'état bas : la renaissance de l'Espagne les menace d'une nouvelle ruine. De vieux passages étroits, des cours complexes et des maisons sculptées font place à l'introduction de tramways et de larges rues asphaltées. Le vieux Santander décrit par Pereda ne survit que dans ses livres, les vieux quartiers de Barcelone et de Valence disparaissent rapidement, et heureuse est une ville comme Tolède dont la position sur des rochers abrupts sans espaces plats semble promettre une éternité de médiévalisme et d' individualité .

VII

DANS LA VIEILLE CASTILLE

C'est avec étonnement et une sorte de crainte que le voyageur traverse les hautes plaines de la Vieille Castille, voyageant rapidement de ville en ville, jusqu'à

"Vieilles villes dont l'histoire est cachée
dans une chronique ou une comptine monacale,
Burgos, berceau du Cid,
Zamora et Valladolid...."

car dans ces étendues intermédiaires, arides par le soleil et balayées par le vent, il semble difficilement possible que les hommes puissent vivre. Les villages sont serrés les uns contre les autres, petits amas compacts de maisons basses, non blanchies à la chaux, sans arbre ni jardin, si incolores et accrochées au sol qu'elles passent parfois inaperçues. Les rivières coulent entre des rives basses et nues, sans buissons ni arbres, comme des stries de nacre incrustées dans de la faïence. Et il y a de vastes étendues de terre sans maison ni limite, une désolation continue sans aucun signe de vie, sauf ici et là un troupeau de moutons ou de chèvres, ou une file de paysans revenant de leur travail au coucher du soleil. La vie ici ne peut sûrement avoir que peu d' attraits ; il ne peut y avoir de joie de la terre, peu de tentation pour le « *mal labrador* » de Berceo du XIIIe siècle, qui « aimait la terre plus que le Créateur » et « modifiait les repères pour agrandir son domaine » — *cambiaba Los mojones por ganar érédat* . Pourtant, les trains les plus lents sont envahis par une foule joyeuse de paysans aimables, courtois et beaux, au visage ovale, aux dents et aux cils splendides, qui accélèrent le voyage avec des conversations gaies et des chants aigus, et passent constamment d'une voiture à l'autre pour se rendre à l'autre. saluer des amis ou pour éviter les fonctionnaires qui s'enquièrent maladroitement des billets. Ils ont beaucoup de vie et de gaieté, et c'est avec un émerveillement renouvelé que l'on regarde les villages morts et en ruine où ils vivent, et que l'on se souvient de la force perçante du soleil castillan en été et des vents glacials et pénétrants de l'hiver. Toute la journée, ils doivent travailler sans l'abri d'une seule haie ou d' un seul arbre, sous le vent chercheur qui tamise le sol, ou sous un soleil qui le dessèche et le réduit en poussière. Mais une connaissance plus rapprochée révèle un certain charme [85] de ces villages aux noms durs et clairs : Campillo , Cantalapedra , Pedroso, Madrigal – un charme d'espaces nets, d'air clair et lumineux et d'intensité silencieuse ; et le pays cesse d'être uniformément incolore . Ici, une femme vêtue d'une robe de lin bleu clair, avec un long foulard blanc flottant, traverse sur un âne des champs de blé mûr et doré ; là, aux fenêtres étroites d'une rue de maisons jaune-brun, pendent des parcelles lumineuses de géraniums et d'œillets en fleurs. Et les portes en arcs carrés, en plein cintre ou en ogive donnent accès à des cours fraîches et silencieuses. *Azorín* a décrit le vieil hidalgo castillan, qui n'a jamais quitté sa maison ancestrale, avec ses grandes pièces, pour la plupart non meublées, et ses vieux portraits consignés dans un grenier et recouverts de la poussière des siècles : « Ses terres ont disparu, ses meubles ont disparu. disparu; il ne fait rien ; il a une triste intensité d'expression », et quand un nouveau malheur lui arrive , il dit : « Il n'y a aucune aide pour cela - *qué le vamos á hacer* ! Partout c'est la décadence et les traces d' une splendeur disparue . Ainsi, ces vieux hidalgos en ruine vivent leur vie grise et monotone dans une ancienne ville ou un village de Castille, au milieu d'immenses plaines avec « des distances de ciel radieux et de faibles lignes bleues de montagnes ». La fumée bleue s'élève des feux parfumés du romarin et, tandis que les cloches sonnent aux Matines, les colombes font un écart et tournent, les colombes grises balayent lentement le ciel perpétuellement bleu. Et nuit et jour, les portes des maisons restent continuellement fermées, avec un air désert sous les larges armoiries taillées dans la pierre. *Azorín* décrit minutieusement une ville castillane, située au milieu des champs de maïs et des oliviers, une de ces villes que l'étranger a rarement le courage de visiter. Ses rues sont étroites et tortueuses. Il contient trois anciennes auberges, quatre églises, trois ermitages, deux couvents. Elle n'a d'industries que quelques manufactures de draps en ruine, et seul l'usurier prospère. Il comprend quatorze étudiants (qui n'ont pas obtenu leur diplôme), quatre médecins, douze avocats (dont six seulement gagnent leur vie, et cela en se calomniant les uns les autres, et en intentant de temps à autre des poursuites pour chantage contre quelque pauvre habitant) . . Il existe une Guilde du Christ des Mourants, et quand un membre meurt, un messager parcourt les rues en sonnant une cloche et en criant : « A telle heure les funérailles de Don Fulano ». Les étés sont brûlants, les hivers sont longs et cruels. Aucune visite n'est payée ; les portes et fenêtres restent fermées ; peu de personnes traversent les rues, mais sur les *places* , par temps clair d'hiver, on peut voir des groupes denses d'hommes prendre le soleil, enveloppés dans leurs plaids et leurs *capas marron* . Il ne se passe rien; le profond silence est rompu par le bruit d'un marteau de forge ou par le chant d'un coq. Au moment du Carnaval passent quelques « masques », habillés de nattes et portant de vieux balais. Les ouvriers sont misérables et la viande est le luxe de quelques habitants « riches ». *Azorín* note « l'énergie fondamentale, la distance, l'indifférence et le mépris élevé du Castillan, avec de soudaines inspirations d'héroïsme » ; et nous pouvons considérer que ce n'est pas un petit héroïsme de vivre, fièrement et sans se plaindre, dans un environnement aussi dur et inconfortable.

VIII

LE DÉSERT ET LA SEMENCE

Les soldats français, regardant le petit Manzanares et ses puissants ponts, se sont peut-être écriés : « Ainsi, même les rivières espagnoles se sont enfuies. » Mais ceux qui, à la vue de minuscules filets d'eau dans d'immenses lits de rivières, sont enclins à demander, avec Don Pedro dans *Beaucoup de bruit pour rien* : « À quoi bon un pont beaucoup plus large que le déluge ? trouvent leur réponse après quelques jours de fortes pluies. Des marques de six pieds et plus de hauteur sur les maisons situées à plusieurs centaines de mètres des rives de l'Èbre témoignent de la montée des eaux. Ainsi, dans de nombreuses régions, les récoltes qui ont survécu à la sécheresse estivale sont balayées par le déluge d'automne, et ceux qui ont réclamé de la pluie sont ridiculisés et ruinés lorsque les eaux " prédominent excessivement sur la terre ". L'agriculture espagnole périt faute d'eau, et pourtant l'eau abonde, qu'elle soit souterraine, comme dans certaines parties de Castille, ou dans les neiges abondantes des régions d'altitude, où la neige est parfois conservée dans des fosses à neige, pozos de *nieve* , *ou* dans ces inondations périodiques ; et il semblerait que le philologue avait en tête l'Espagne qui associait l'adjectif basque *idorra* , signifiant « sec », avec ὕ δωρ , le grec pour eau. Utiliser, étendre et réguler l'approvisionnement en eau est un problème d'une importance vitale pour l'Espagne — un problème qui a longtemps occupé les pensées des hommes d'État espagnols. Alphonse le Savant, dans sa Chronique générale, dit : « Cette Espagne dont nous parlons est donc comme le paradis de Dieu... Elle est en grande partie arrosée de ruisseaux et de fontaines, et les puits ne sont jamais creusés. manquant dans tous les endroits qui en ont besoin ; » mais Strabon, plus impartial, avait fait remarquer à propos de l'Espagne : « Pour l'essentiel, elle ne fournit qu'une maigre subsistance. Car les vastes régions sont composées de montagnes, de forêts et de plaines, avec un sol mince et, de plus, inégalement bien arrosé : ο ὐ δ ἐ τα ὐ την ὁ μ αλ ῶ ς ε ὕ υδρον . Et depuis l'époque de Strabon, de nombreuses modifications ont été enregistrées pour le pire. La Turdétanie , par exemple, le pays situé entre Séville et Huelva, n'est plus merveilleusement prospère : θα υμ α-στ ῶ ς ε ὐ τυχε ῖ ; en effet , l'Estrémadure du Sud, ancien grenier à blé de Rome, est aujourd'hui l'une des régions les plus désolées d'Espagne. Mais la pire dégradation est celle des forêts. Les bois sont tombés et sont tombés, et la hache continue de sonner avidement dans les bois qui restent. Les mots mêmes pour désigner un bois, *bosque* ou *selva* , sont devenus rares et poétiques. Ainsi, le sol est encore plus desséché et appauvri, tandis que les villes et les villages ne sont ni protégés du vent ni du soleil. L'Escurial, qui a grandi au milieu des bois, peut maintenant être vu de loin dans sa magnificence presque sinistre à travers des collines grises et des plaines sans arbre ; et Madrid, bien qu'un arbre figure en bonne place dans les armoiries de la ville, donne sur des plaines d'où toute trace d'anciennes forêts de chênes et de châtaigniers a depuis longtemps disparu. L'absence d'arbres en Espagne augmente à la fois la sécheresse et les inondations, et le boisement est donc tout aussi important que l'irrigation. La canalisation des rivières peut diminuer les crues, mais tant qu'il n'y a pas de terre sur les flancs des collines – ou une terre si légère qu'elle est emportée par de fortes pluies – la pluie doit continuer à être une bénédiction étrangement déguisée. On calcule que dans six ou huit ans, les arbres resserreraient le sol et lui donneraient une résistance suffisante pour résister et absorber les pluies, bien que, bien sûr, il n'y ait encore aucun profit réel en matière de bois d'œuvre. Dépenser du travail et de l'argent pour une rémunération aussi lointaine n'est pas conforme au tempérament espagnol. Les grands propriétaires terriens ne font rien. L'État dépense chaque année quelques milliers de pesetas ; mais au rythme actuel, le boisement prendra des centaines d'années, ce qui ressemblera à cette carte de l'Espagne tant désirée, qui doit être publiée en quelque onze cents sections, et dont deux à trois sections paraissent chaque année. [86] Les avantages de l'irrigation ont été amplement prouvés en Espagne, justifiant la juxtaposition de l'eau et de l'or dans l'ode de Pindare ; mais seulement un cinquantième environ de la superficie totale de l'Espagne — et en particulier la plaine de Grenade et la bande côtière de Malaga et de Valence — peut actuellement montrer l'immense productivité due à l'irrigation, combinée au soleil d'Espagne à maturation rapide. Il y a bien entendu d'immenses difficultés, et les moindres ne sont pas l'ignorance et la pauvreté des paysans. L'eau ajoutée à un sol pauvre n'aura que peu de valeur si les paysans n'apprennent pas les moyens artificiels d'enrichir le sol et les méthodes modernes de culture. L'extrême pauvreté des paysans les empêcherait cependant aujourd'hui d'employer d'autres méthodes que les plus simples ; dans de nombreuses régions, ils hypothèquent leurs terres pour pouvoir semer leurs récoltes, et les agriculteurs espagnols sont souvent entre les mains des usuriers. L'usurier a été leur seule ressource dans les moments de détresse, et finalement ils sont poussés à émigrer, laissant leurs terres à l'usurier. Une étroite bande de terres fertiles le long des rivières contraste avec le pays désolé au-delà. Ainsi l'Èbre traverse l'Aragon, entre des bois de bouleaux et de peupliers, des plantations d'oliviers, de vignes et de maïs ; mais de chaque côté apparaît le pays aride de collines rougeâtres ou brunes parfaitement nues, de terre en ruine, comme de grandes dunes de sable, sans aucune plante, curieusement pliées et marquées par l'eau précipitée, avec des creux et des catacombes complexes et abrupts. Les villages ont la couleur du sol et, à faible distance, ils se distinguent à peine d'un flanc de colline dénudé. Ou encore, les plaines désertiques sont à peine couvertes de thym gris et, dans les parties les plus fertiles, produisent des vignes et du maïs nain, de sorte qu'en automne, on regarde à travers d'immenses plaines indivises de chaume et de vignes jaunies jusqu'à l'horizon lointain de collines d'un bleu sombre. Les vents cruels [87] d'Espagne soufflent directement des crêtes glacées des montagnes, sans aucune barrière de bois. Les premières neiges tombent tôt autour d'Ávila et sur les hauteurs, mais dans les villes, la neige à Noël est rare. L'étranger a parfois un désir capricieux de voir ces vastes plaines fauves couvertes de neige — *après la plaine blanche une autre plaine blanche* , comme la reine Romayquia , épouse d' Abenabet , roi maure de Séville, qui ne trouvait aucun réconfort dans son désir de voir la neige. Le roi ordonna de planter des amandiers tout autour de la ville de Cordoue, afin qu'au moins au début du printemps, sinon à Noël, la reine puisse tromper son imagination avec les fleurs d'amandier blanches comme neige. [88] Mais même en Andalousie, vers la fin décembre, on peut voir plusieurs chaînes de montagnes relativement basses et épaisses recouvertes de neige. Des réserves de tir sont ensuite amenées dans les villages depuis les collines sans arbres. Plus au nord, les vignes ont été taillées et les rameaux amenés pour être brûlés ; mais ici les vignes n'ont pas encore perdu leurs feuilles, et la cuisson se compose de thym, de whin et de romarin, de menthe, de lavande et d'autres plantes parfumées des collines. Des troupes d'ânes arrivent au coucher du soleil, avec d'immenses charges odorantes, qui cachent entièrement les pompons et les franges rouges ou violettes de leur harnais. Les oranges brillent désormais par myriades le long de la côte est ; parfois les vents glacials de l'intérieur les gèlent, et des feux de paille fumants sont allumés autour et dans les orangeraies, après que le vent a cessé, afin qu'une épaisse fumée puisse flotter autour des arbres et les réchauffer. Quelques semaines avant Noël, les *turroneros* de Jijona , remarquables par leurs petits chapeaux à visière en velours noir, apparaissent dans presque toutes les villes et villages d'Espagne. Sous les porches ou dans les grands magasins nus, ils disposent leurs couches de caisses en bois blanches et des échantillons de *turrón* , ou pâte d'amande, qui est un élément essentiel de la cuisine espagnole de Noël. Pour l'époque, Jijona , la ville grise située dans les collines, est déserte, mais il y a quelques semaines, chaque maison était un lieu occupé où l'on fabriquait *du touron* et clouait de fines planches blanches dans des caisses. La neige va bientôt s'accumuler profondément sur les collines de Carrasqueta , au-dessus de la ville. Les amandiers, dont les fleurs roses en février forment une ceinture solitaire de couleurs entre Jijona et les montagnes rocheuses , sont maintenant aussi dénudés et gris que la campagne environnante. Certains habitants sont partis vers le sud plus chaud, emmenant la *diligence* à Alicante ; d'autres ont escaladé la route escarpée et sinueuse qui longe le Barranco de la Batalla , où autrefois le Cid faisait des ravages chez les Maures, et où maintenant des troupeaux de chèvres ne se nourrissent apparemment de rien, et ont pris le train à Alcoy pour les villes froides et élevées de le nord. Mais les hivers espagnols ne sont pas seulement cruels dans les hautes terres du nord ; les *dehesas* d'Andalousie ne sont pas non plus protégées, les vents silencieux et glacés soufflent subtilement et férocement et pénètrent sur les collines vallonnées autour de Cordoue, et on peut voir des bergers, étroitement emmitouflés dans leurs plaids, debout, figés et immobiles, les moutons se pressant autour d'eux. et les uns contre les autres pour s'abriter.

IX

LA CÔTE DE CATALOGNE EN AUTOMNE

Une PREMIÈRE vue de la Catalogne depuis la mer montre en tout cas les pierres avec lesquelles, selon le proverbe, les Catalans font du pain. Car de grandes épines de roche couleur rouille , couvertes çà et là de pins d'un vert brut, courent vers la mer et se brisent en falaises abruptes. Dans les vallées de ces crêtes, les villes et les villages longent la côte, Rosas, Palamos , San Feliú de Guixols avec son industrie du liège et Arenys de Mar, la fabrique de dentelles . Vers Barcelone, le sol et les villages deviennent plus gris, mais Barcelone elle-même a beaucoup de couleurs . . Les navires espagnols et étrangers dans le port , les palmiers près du quai, au-dessus d'eux les hautes maisons blanches et jaunes aux volets verts et bruns, et au-dessus encore une vue de la grande cathédrale, tout cela, délimité par le pourpre. montagnes, rend la vue de Barcelone depuis la mer très pittoresque et attrayante.

La côte au sud de Barcelone est très fertile. Il y a des haies de roseaux de vingt pieds de haut, de cactus et d'aloès, des aloès de ce bleu-vert exquis qui est si souvent la couleur de la Méditerranée en septembre. À travers les vergers jaunissants de pêches magnifiques, de figues et de pommes en grande abondance, on aperçoit les chaînes de collines d'un bleu plomb intense à l'ouest. Les raisins ont déjà été en grande partie récoltés pour le vin, mais il existe encore de nombreuses vignes qui, plus tôt dans l'année, sont coupées à ras et ressemblent à des plants de pommes de terre flétris, et qui sont maintenant cultivées jusqu'au de la taille des groseilliers et sans tuteur , sont chargés de gros raisins jaunes. Parfois aussi, on voit de grands dattiers et des orangers.

Après Casteldefels, les collines se couvrent de pins, et les nuits, chaudes mais avec une rosée abondante, font ressortir leur parfum si fort qu'il en est parfois presque oppressant. Les nuits sont silencieuses, à l'exception du chant continu des grillons et du bruit de la mer agitée. Les étoiles sont étrangement brillantes, Sirius brûle grand et intense, et Orion parcourt le ciel la nuit dans toute sa splendeur jusqu'à ce que le soleil l'attrape au milieu du ciel. La mer regorge de phosphore et on aperçoit au loin les lumières des bateaux de pêche, tandis que sur terre les vers luisants sont presque aussi nombreux que les étoiles. Les levers et couchers de soleil orange et violets, roses et améthystes, sont très beaux, et les voiles des bateaux de pêche restent blanches, et la mer conserve son bleu pendant un certain temps après que la lumière de la rémanence ait disparu. Un peu plus au sud, les falaises sont couvertes de palmiers nains, de romarins en fleurs et d'autres arbustes. La route ici est bonne, mais on ne rencontre aucun piéton, car un chemin le long de la voie ferrée est la voie de passage acceptée entre village et village malgré les panneaux qui en interdisent l'usage. Les hommes portent pour la plupart une casquette noire, un long chemisier et un pantalon marron ou bleu. La ceinture est presque toujours noire et se porte large, les sandales ont uniquement une pointe et un talon couvrant, avec des attaches en cuir ou en tissu noir à partir de la pointe. Les femmes portent des mouchoirs qui couvrent entièrement la tête. Les couleurs prédominantes sont le bleu et le noir. Un kilomètre ou plus avant la vinification de Sitges, la route est délimitée par des terrasses en pierre avec des vignes et des caroubiers vert foncé. D'un côté, une succession de terrasses s'étendent jusqu'aux collines, et de l'autre, les vignes aux murs bruts s'étendent jusqu'au bord de la mer. Sitges , village de moins de quatre mille habitants, est joliment placé, son église à tour octogonale s'élevant d'un rocher dans la mer. Quelques kilomètres plus loin, Villanueva y Geltrú n'est qu'une ville de province assez grande et assez ordinaire, bien qu'elle ait ses coins pittoresques, avec ses maisons baignées de diverses nuances de bleu, rose, vert ou jaune, et ses vues sur la campagne viticole apparaissant au fond. fin de plusieurs de ses longues rues droites. Après Villanueva, les collines s'éloignent plus à l'intérieur des terres, et il y a un pays un peu plus plat , mais il est occupé en grande partie par de grands marais, bruyants du coassement des grenouilles.

Ce n'est qu'à Roda et Creixell que des villages ont un aspect vraiment espagnol, ou plutôt castillan. Creixell surtout, avec son église massive et sa grande bâtisse carrée en pierre dressée hautaine sur une colline de terrasses murales semées de caroubiers, et avec ses maisons couleur de terre, a tout l'air d'une petite Tolède. Tôt un matin d'automne, on peut le voir se refléter, à chaque maison et à chaque fenêtre, dans un lagon bleu à des centaines de mètres du village et séparé de la mer par des bancs de sable. Les oliviers et les vignes s'étendent désormais jusqu'au rivage, et au-dessus de San Vicente, de grandes maisons de campagne blanches se dressent parmi les vergers et les oliviers. Après Creixell, il n'y a que deux villages, Torredenbarra et Altafulla , avant Tarragone, la deuxième ville côtière de Catalogne. Ici, en effet, le soleil bat avec une force ardente ; ici, en effet, la Méditerranée est « cristalline » et « les éclairs de l'océan à midi éclatent ». Il y a ici un excellent sable ferme pour la baignade et, nageant au loin, le soleil brille encore à travers l'eau transparente sur le sable ondulé en contrebas. Fin septembre , la saison est terminée, mais les journées sont encore presque trop chaudes et le bleu profond de la baie et la longue ligne violette de collines au nord-ouest sont d'une beauté indescriptible. Tarragone, la ville préférée des Romains, possède de nombreuses ruines romaines nobles et de merveilleuses murailles cyclopéennes, et sa silhouette, vue sur le ciel depuis la route qui mène à Tortosa, est l'une des plus magnifiques d'Espagne. La ville et ses environs , ainsi que toute la côte catalane, ne sont peut-être pas aussi connus qu'ils le méritent. En automne, si les journées et même les nuits sont chaudes, il y a toujours une fraîcheur rafraîchissante dès les premiers matins ; les gens sont, en règle générale, agréables et courtois ; dans certains villages, beaucoup ne parlent que le catalan, et parfois, en entendant un mot ici et là, on peut se croire en Italie.

X

UN VILLAGE DE L'EST

Il n'y a aucun nuage dans le ciel clair de mars, rempli de lumière rayonnante. Au-delà du vert foncé des orangers et des olives grises se trouve la mer, une légère ligne de bleu. Et, à l'ouest, les montagnes de roche nue sont légèrement violettes, semblant fragiles et cassantes dans leurs contours clairs mais lointains. Un troupeau de chèvres descend lentement un large lit de rivière fait de pierres blanches et lisses, sans lambeau ni trace d'eau. Des rangées d'aloès et de hauts roseaux poussent le long de ses rives, et de chaque côté des paysans vêtus de noir travaillent dans les champs, labourant avec des mules seules entre les tiges brunes des vignes récemment taillées, ou taillant les orangers et les oliviers. Des fagots de brindilles de vigne et d'olivier sont prêts à être transportés au village pour servir de combustible. Des femmes vêtues de robes blanches, roses et écarlates binent le maïs vert. Les poiriers et les pêchers sont en fleurs, et les amandiers entièrement parés du vert le plus frais. De temps en temps, des puits ou *des norias* expliquent l'aspect vert et frais du pays, si différent de la désolation brûlée des régions arides plus au nord. Car Oropesa, le village voisin , n'est qu'à une soixantaine de milles au nord de Valence, et est bordé d'un côté par la pleine fertilité de la plaine valencienne, bien que de l'autre il soit entouré de collines arides. Dans chaque *noria,* une longue branche tordue forme le manche de la roue de fer et à celle-ci une mule est attachée, et lorsque la mule tourne, la roue tourne avec un lent tintement, et les longues jarres en terre cuite (arcaduces) attachées *à* la roue jaillissent. arrosez dans une auge et ainsi par de petits canaux de terre sèche dans les champs de terre brune et rougeâtre. Un chemin mène à travers champs verts et bosquets d'orangers jusqu'au village. Dans certains champs plus au sud , les dernières oranges ont été cueillies et des milliers de boutons en forme de perles annoncent que les arbres seront bientôt recouverts d'une neige scintillante de fleurs parfumées. Mais dans beaucoup d'entre elles, les oranges règnent encore resplendissantes : par un jour gris, elles ressortent avec une netteté plus vive que lorsque le soleil les brouille dans une brume lumineuse, ne les laissant clairement visibles que dans la lumière uniforme de son lever ou de son coucher. Les arbres sont courbés de fruits et les branches chargées sont soutenues par le sol. Les oranges en masse brillent dans une myriade de sphères d'or, ici et là se trouvent des monticules dorés d'oranges cueillies, et sous les arbres, le sol est parsemé d'or. De tous côtés, sous les arbres, on aperçoit un pays magique composé d'une myriade de lampes dorées ; seules ou en trèfles et en grappes de sept, dix et vingt, les oranges pendent à quelques centimètres du sol. A des centaines de mètres, à travers des intervalles d'arbres, apparaît la même fleur de fruits brillants, et l'air est tout parfumé d'oranges. De temps en temps, un vent léger souffle sous les arbres, et les brindilles avec leurs fardeaux d'oranges encombrées se balancent lourdement d'avant en arrière , comme des encensoirs d'or brûlant qui se balancent lentement. Mais près d'Oropesa, les oranges sont relativement peu nombreuses. Le village est construit sur une colline escarpée et escarpée de roche grise, couronnée par les murs en ruine d'un grand château. Les maisons grimpent toit sur toit, en désordre sur le rocher. Ils sont en pierre brun jaunâtre avec du ciment brut, et pour la plupart sans verre, mais ont une touche de chaux sur le devant, de sorte qu'ils portent des visages brillants du matin au soleil levant. Dans les matins radieux et sans brume , le village se détache clairement, son rocher pointu s'élevant à pic sur la plaine. Au-delà, la mer est argentée, et de l'autre côté, chaque ride des rochers des montagnes grises est distinctement visible. Il n'y a aucun son, sauf les voix occasionnelles des enfants, le tintement et le cliquetis d'un marteau de forge, le chant d'un coq ou le léger fracas cristallin des vagues qui se brisent ; mais de temps en temps, il y a une rumeur sèche de roues et le cri d'un homme à sa mule alors qu'il passe sur la route dans sa charrette. Enveloppés dans leurs plaids contre l'air vif du matin, les paysans passent tranquillement en charrettes et sur des mulets pour travailler dans les champs jusqu'au soir. Au crépuscule, la lente procession revient, avec de nombreux salutations, de *la bonne humeur* et des sourires de visages ridés et brûlés par le soleil. De fines lignes de fumée bleue s'élèvent des feux rapides de brindilles de vigne, de romarin et de plantes sèches cueillies sur les collines, et une heure ou deux heures plus tard, Oropesa est livrée au sommeil et au silence des étoiles, brisé seulement par la profonde rythmique. cri du *sereno* appelant les heures. Au sud, une route monte à travers des collines rocheuses grises peuplées de thym, de palmiers nains et de cistes. Les rochers nus et lisses ont un anneau métallique, et il n'y a aucun signe de vie sauf un troupeau de chèvres bien au-dessus, le berger avec son plaid et son large chapeau de feutre clairement dessiné sur le ciel, et le son de sa flûte distinct dans le ciel. la solitude des collines, totalement silencieuses, à l'exception du tintement argenté des cloches des chèvres. Aucune eau ne peut rester sur ces collines rocheuses, elle se déverse immédiatement dans les plaines au-delà, où, au bord d'un lit d'un ruisseau d'à peine un mètre de large, un pilier raconte ceux qui y ont péri en 1850, dans « la diligence emportée par les *eaux* de le torrent. Bien qu'Oropesa dispose désormais d'une gare ferroviaire, les *diligencias* circulent toujours entre elle et Castellón et Torreblanca , et elle peut se trouver à cinquante milles de n'importe quelle voie ferrée, tant sa vie est primitive et égocentrique . Parfois arrive une matinée sans soleil avec un ciel gris et calme, rare sur la côte est de l'Espagne, sauf au début du printemps. La mer est immobile et grise, avec de pâles reflets de lumière en serpentins et en taches d'or. L'air est si calme que le chant silencieux des oiseaux parmi les olives tombe comme une pierre dans les eaux calmes. À mesure que le jour avance, les montagnes, qui auparavant étaient mêlées et perdues dans le gris du ciel, deviennent plus distinctes, jusqu'à ce que, vers le coucher du soleil, chaque ligne et chaque crevasse dans leurs crêtes acérées deviennent marquées, et la brume de nuages qui les surplombe se fond dans le gris du ciel. soir, parsemé de la poussière d'or des étoiles.

XI

AU LARGE DE LA CÔTE EST DE L'ESPAGNE

L A Méditerranée au large des côtes espagnoles n'est pas toujours calme. Parfois le vent d'est, le *Llevant* , fouette les vagues avec fureur, et les rivages des villages et des villes sont noirs de lignes de bateaux de pêche qui n'osent pas prendre la mer. Mais pendant des semaines entières, il est « bercé dans l'enroulement de ses ruisseaux cristallins », et le soleil se lève et se couche sur une plaine bleue soyeuse. Par un temps pareil, un voyage le long de la côte a une merveilleuse fraîcheur et un charme fascinant. Le voyageur se souvient sans cesse de la magie de ces vers du vieux roman :

" Quién hubiese Tal ventura ,
Sobre las aguas del mar,
Como hubo le conde Arnaldos ,
La mañana de San Juan !

" Oh pour une chance aussi heureuse,
Là où les eaux profondes se gonflent,
Comme au matin de la Saint-Jean,
le Comte Arnaldos befel », etc.

Cependant, le jour de la Saint-Jean, le soleil projette ses rayons trop violemment et c'est à la fin du printemps ou au début de l'automne que le voyage est le plus agréable. Un voyage terrestre ne peut donner aucune idée de la beauté de ces côtes, et des villes comme Alicante et Almería perdent beaucoup de leur beauté si elles sont privées de leur fond de montagnes, que l'on ne peut voir pleinement qu'en mer. La mer et le ciel sont d'une beauté à toute épreuve, et la vie des ports, pleine de couleurs et de mouvement, ne perd jamais de son intérêt. Almería, déchue de son ancienne grandeur, est pourtant active dans sa « baie aux ombres violettes » [89] et exporte chaque année deux millions de barils, cent millions de livres de raisins, principalement vers l'Amérique et l'Angleterre. Torrevieja, plus au nord, est une petite ville ou un village d'environ sept mille habitants, où les bateaux à vapeur accostent pour charger une cargaison de sel, mais que le touriste, en route d'Elche à Murcie, détourne rarement pour visiter. Il a un aspect tout à fait africain, avec ses maisons gris-blanc aux toits plats situées sur une bande de sable nue et plate, sans arbres, à l'exception des palmiers, qui se dressent bien en vue comme les arbres du désert ; le sable par endroits est finement recouvert d'herbe, du vert le plus clair, presque jaune. À gauche, vue de la mer, se trouve une longue ligne de sel luisant, tiré de l'eau de mer par évaporation sous le soleil d'été, et maintenant prêt à être exporté. Au-delà de la ligne de sel se trouve une lointaine chaîne de montagnes dénudées, légèrement violettes. La ville possède une ou deux petites tours, quatre cheminées d'usine et une demi-douzaine de moulins ronds, aux bras aussi minces que les grues des paquebots de chargement du port . Un chapelet continu de barges jaunes, blanches, vertes ou noires transportent le sel à travers la baie. La lourde charge pèse sur la barge jusqu'au bord de l'eau, et le sel blanc scintillant semble flotter sur la surface bleue. Dans la barge, à chaque extrémité, vont jusqu'à vingt ou même trente hommes, les uns assis en train de ramer, d'autres en face d'eux et debout pour ramer, et d'autres encore en barque avec leurs perches d'une immense longueur qui s'effilent au sommet jusqu'à la légère circonférence du corps. une canne à pêche. Les chemises des hommes, mauves, roses, blanches, rouges ou violettes, leurs manteaux bleu clair ou noirs, leurs ceintures rouges, leurs pantalons de velours ou de velours côtelé de toutes les nuances, du jaune vif au brun foncé, les longues perches jaunes brillantes , et les pyramides blanches de sel sur la mer de saphir se combinent pour former un spectacle étrange et magnifique. Les barges vides reviennent haut dans l'eau, avec de petits monticules de sel laissés le long de leurs rebords. A midi, les maisons semblent pâlir et devenir indistinctes, les montagnes s'effacent jusqu'à devenir un contour à peine perceptible, seul le sel reflète le soleil dans toutes les facettes de ses innombrables grains et scintille plus blanc que la neige. Au coucher du soleil, les lignes reprennent leur netteté, et les montagnes sont grises ou bleu-gris ou bleu plomb intense ou violet, selon leurs distances. Le ciel de Murcie est célèbre pour sa sérénité et ses couchers et levers de soleil sont d'une équité inégalée. Alicante aussi, qui est plus proche de Murcie que de Valence, a un ciel et une mer merveilleux, et ici aussi, « le lever du soleil est une naissance glorieuse ». "Alicante aux clochers mêlez les minarets », dit Victor Hugo dans l'un des poèmes des « Orientales », et depuis la mer, Alicante a un aspect oriental, avec ses lignes de palmiers, ses histoires de toits plats et son fond nu de collines et de montagnes. Mais c'est le soir qu'Alicante est l'une des plus belles villes du monde. Les lumières brillent doucement à travers les quatre rangées de palmiers le long du Paseo de los Mártires , et se reflètent sur l'eau ; dans le port , les derniers rayons du soir mettent en relief les entrelacs de mâts, de grues et de gréements. A l'ouest la mer est déjà sombre, presque lie de vin , le ο ἶ νψ des Grecs, mais à l'est elle est d'un bleu des plus exquis, un bleu qui semble être une surface transparente de turquoise recouvrant une couche de craie blanche. . L'horizon oriental est légèrement violet, et sur ce fond les voiles d'une flotte de bateaux de pêche sont plus blanches qu'à tout autre moment et brillent longtemps après le coucher du soleil. Plus tard, la mer attrape un instant le violet pâle du ciel, le ciel perd sa couleur , et enfin une brume du gris le plus doux les fusionne, de sorte qu'on ne peut plus distinguer où cesse le ciel et où commence la mer. Sur les rochers de la côte, les vagues se brisent la nuit, chargées de phosphore, en une gerbe lumineuse, « comme la lumière dissoute en pluies d'étoiles projetées ». La ligne basse de lumières pâles qui longe El Grao , le port de Valence , si on l'approche la nuit, donne l'impression, de loin en mer, d'une telle vague de phosphore. De jour, le port apparaît comme une forêt de mâts, et au loin les tours de Valence, autour du grand Miguelete , apparaissent aussi nombreuses et au loin presque aussi élancées que les mâts du port : « les clochers de ses trois cents églises . Le long de la côte de la Huerta, surtout au sud de Valence, scintillent de nombreuses pyramides blanches comme neige, qui semblent à première vue plus salées, ayant l'exact aspect des monticules qui se trouvent le long de la baie de Cadix. Ce sont les façades triangulaires blanchies à la chaux des chaumières ou *barracas des paysans* , situées dans la plaine fertile, « le verger de l'Espagne ».

L'un des sites les plus beaux et les plus originaux de toute la côte est celui de la haute chaîne de montagnes dénudées et sans arbres au sud de Carthagène, tombant à pic dans la mer, d'un violet délicat au-dessus de l'eau bleu clair. Il n'y a pas le moindre bord de côte, en fait la mer coule autour des flancs des montagnes, et celles-ci s'étendent loin de la terre, leurs sommets apparaissant parfois comme de petites îles.

Mais surtout le voyageur qui a l'heureuse chance de se retrouver à l'aube d'une journée sans nuages dans un bateau à une heure à l'ouest d'Almería sera prêt à répéter les lignes :

" Quién hubiese Tal aventure
Sobre las aguas del mar. »

Une légère lueur à l'est avertit la lune que son règne de lumière tranquille est sur le point de prendre fin et commence le long prélude du jour. Au-dessus d'une ligne sombre de la mer , un orange pâle s'insinue dans le ciel, s'approfondissant jusqu'au violet orange, et se terminant bientôt par du jaune pâle, du safran et de la jonquille. Puis, plus tard, au-dessus, s'élargit un espace du vert le plus clair, et enfin le corps du ciel passe du gris au bleu clair. A l'ouest, tout est encore gris, comme une douce trame de brumes suspendues. Les voiles d'un bateau qui prend la mer sont blanches aux premières lueurs de l'aube, et la mer légèrement gonflée vers l'est reflète la lumière en reflets d'or uniformes, comme des prairies de renoncules lisses et brunies. Puis le soleil se lève, rouge-orange, sur une ligne de mer sans nuages, la mer devient bleu clair et le long du reste de l'horizon se trouvent des espaces de perles et d'opales, tandis qu'à l'est une faible lune argentée s'efface lentement. La scène est d'une telle beauté enchanteresse, comme la naissance d'un nouveau monde, que si la Sierra Nevada se trouve en grande partie cachée dans un long nuage de brume, le voyageur remarque à peine un ou deux sommets qui semblent être de la neige flottante . -nuages blancs. Puis la brume des nuages se dissipe et, un à un, les sommets enneigés apparaissent, jusqu'à ce que toute l'immense chaîne soit nue, semblant incroyablement haute dans un ciel d'un vert clair et pâle. C'est un spectacle à faire retenir les hommes. Le navire, les ombres de la nuit à peine chassées de son pont, avance lentement, presque sans bruit, sur l'eau, comme si lui aussi avait compris qu'il y a ici un pays enchanté. La vue de la Sierra Nevada depuis Grenade, si belle soit-elle, ne donne aucune idée d'un spectacle aussi incomparable que celui-ci. Le domaine est si vaste, la neige si profonde et si douce. De longues lignes presque plates, d'immenses rochers abrupts, des ravins en pente douce, des sommets lisses en forme de pyramide, des plateaux et des pinacles, des crevasses et des corniches, tous sont entièrement enveloppés dans une neige profonde et bien ensoleillée, sans interruption. Chaque regard, après s'être tourné un instant vers l'horizon gris de l'ouest ou vers la surface ondulante et cristalline de la mer bleue, apporte un nouvel émerveillement et une nouvelle surprise ; tant est merveilleux l'éclat du blanc apparaissant dans la pleine lueur de l'est, et telle est l'infinie clarté et la subtilité des contours sur un ciel variant du bleu-gris au vert transparent. La longue chaîne massive, vue de quelque distance au large, donne l'impression d'une hauteur de vingt mille pieds, tandis que de Grenade, il est difficile de se rendre compte que le plus haut sommet dépasse onze mille. Au-dessous de la limite des neiges, une haute chaîne de montagnes dénudées gris-violet semble s'enfoncer dans la mer, bien qu'il y ait en fait une ligne de côte plate. De loin ou de près, aucun arbre n'est visible ; un phare blanc se dresse sur la côte, et sur la mer bleue et soyeuse brille parfois une voile blanche ou l'éclair d'une aile de mouette. À mesure que le soleil se lève, les montagnes doucement plissées sous la Sierra Nevada deviennent plus violettes au-dessus de la mer et les ombres de leurs creux capitonnés noircissent. Au-dessus, les espaces larges et lisses et les ravins profonds présentent au soleil sans ombre leur large surplis de blanc scintillant. Tout cela est incroyablement beau, avec une pureté à couper le souffle de choses primitives...

« Meurs indifférentes hohen Werke
Sind herrlich comme je suis le premier Tag.

Cette heure et d'autres heures de plaisir au cours d'un voyage côtier dans la Méditerranée espagnole ne sont pas oubliées de sitôt et, bien qu'elles ne puissent pas être traduites par des mots :

"Ils éclairent cet œil intérieur
qui est le bonheur de la solitude."

Le voyage peut se prolonger sur la côte sud, et, à partir du moment où, à sa gauche, Tarifa s'étend au bord de la mer, comme une ligne de neige fondante sous des collines de verdure aux formes douces , et, à droite, Tanger montre sa blancheur. les maisons indistinctement sous les montagnes nues et grises de l'Afrique, jusqu'au moment où à Port Bou il fait ses adieux à la côte catalane et à l'Espagne, le voyageur n'aura pas un moment ennuyeux ou désagréable ; si seulement les dieux lui envoyaient des jours propices et sans nuages...

" Quién hubiese Tal ventura
Sobre las aguas del mar!"

XII

LE JUGEMENT DES EAUX

C'était une journée de novembre sans nuages. La cathédrale de Valence se dressait grise sur un ciel d'un bleu tendre. Sur la *Place de la Constitution* , le soleil brillait sur la fontaine centrale et marquait de lignes sombres les ombres des maisons et de la cathédrale. De la grande « Porte des Apôtres » s'échappait une odeur d'encens au fur et à mesure que les gens entraient et sortaient. Surmontée de sa grande rosace, la porte a un air usé et ancien, et les plantes qui poussent ici et là dans le mur ajoutent à son aspect d' une splendeur vénérable . Certains des apôtres se tiennent là sans tête, d'autres sans bras, d'autres encore avec de simples troncs de pierre. Au-dessus, la haute tour *de Miguelete* s'élève ici, bien en vue, comme elle est visible partout dans la plaine valencienne. Quelques prêtres passaient, quelques charrettes tirées par de longues files de mules, un marchand de journaux criait l' *Heraldo de Madrid* , et des paysans en groupes noirs ou bleu-gris causaient ensemble, appuyés sur leurs bâtons. Peu après onze heures, un long canapé vert était installé sur le trottoir, juste devant la porte de la cathédrale, et un espace étroit autour était entouré d'une balustrade en fer. Le canapé et la balustrade, transportés de l'autre côté de la rue par sections, portaient l'inscription *Tribunal de las Aguas* . Car c'était jeudi, jour de réunion du tribunal qui juge les litiges nés de l'irrigation de la Huerta.

Pour le paysan de la Huerta valencienne, perdre l'eau pour ses terres signifie la famine, et les heures auxquelles chacun est autorisé à puiser l'eau des canaux étroits qui traversent ses terres sont soigneusement réglementées. Si l'un prend de l'eau à son tour, les champs d'un autre doivent en souffrir, et l'affaire doit être portée devant les juges siégeant en conseil hebdomadaire. Il n'y a ni protestation ni appel contre leur condamnation ; c'est absolument définitif, et s'il doit y avoir des cas d'injustice, les paysans sont très fiers de leur tribunal. Il n'y a pas d'écriture, les cas ne sont même pas enregistrés, l'affaire se décide sur place et en plein air entre les hommes ; il n'y a ni greffiers ni avocats ; pas de table, pas d'encre, pas de papiers pour confondre les simples ; Il n'y a pas d'honoraires ni de délais inquiétants, et d'ailleurs les juges, choisis par et parmi les paysans eux-mêmes, comprennent parfaitement les questions qui leur sont soumises. C'est un spectacle étrange que de siéger cette institution toute-puissante, vieille de plusieurs siècles, sur la *Plaza de la Constitución* , au XXe siècle. Il y a là une digne simplicité, un manque d'affichage qui en impose. Les paysans sont conscients de leur fierté de pouvoir régler leurs propres affaires sans l'intervention des savants, tout comme ils sont prêts à régler leurs querelles plus privées sans recourir à la loi. L'homme poignardé lors d'une altercation cachera à la police le nom de son agresseur, se réservant toujours le plaisir de se venger plus tard. Le caractère des paysans de la Huerta est en effet un mélange de hauteur et de ruse, de simplicité et d'astuce, et le mot qui les décrit le mieux est la *socarronería espagnole* , un certain humour malicieux . [91] Vivant isolés dans la vaste plaine ouverte, ils forment une communauté à part et détestent les interférences extérieures. Leur tribunal est tout à fait primitif et rustique ; au cours de toutes ses années de vie citadine, elle n'a adopté aucune des habitudes de la ville et n'a même pas l'abri d'un toit.

Dans le cas présent, il n'y avait qu'une seule question à régler, et les débats durent moins de cinq minutes, passant presque inaperçus. Vers midi moins le quart, les juges, au nombre de cinq, vêtus de noir comme de simples paysans, entrèrent lentement dans l'enceinte et prirent place sur le canapé officiel, ôtant leurs chapeaux de feutre noir. Le corps complet des juges est composé de sept, choisis dans différents districts pour représenter les principaux canaux d'irrigation. Un autre paysan, officier du tribunal (sur sa casquette est écrit *A. de T. Aguas* , l' *alguacil* , c'est-à-dire du Tribunal des Eaux), debout à la petite porte de la grille, déclara formellement le tribunal ouvert : *S' obri el tribunal* sont les mots consacrés. Il présenta ensuite le plaignant et le défendeur, qui se tenaient tête nue et sans bâton à un demi-mètre des juges. Après que chacun eut exposé sa cause — et toute interruption est sévèrement sanctionnée —, un des juges prononça aussitôt la sentence. Le verdict était contre le vieil homme, et il se retourna sans un mot pour quitter l'enclos. Cependant, sa femme, sans la balustrade, bien qu'il ait mis un doigt sur ses lèvres pour la faire taire, ne devait pas se laisser intimider et, dans un torrent de paroles stridentes, il a reproché aux juges alors qu'ils entraient solennellement sur la place. Le *Tribunal de las Aguas* fut fermé ; les juges se dispersèrent dans leurs champs silencieux, pour se retrouver le jeudi suivant dans le fracas et la clameur de la ville bondée. Tous les jeudis de l'année, le canapé vert uni et la balustrade circulaire sont présentés en sections et les juges font leur apparition sur la place. Ils n'entrent pas toujours dans l'enceinte, car parfois il n'y a pas de litige en cours, ou bien les adversaires se sont mis d'accord sur la place sans recourir au tribunal, et quand l'horloge sonne midi, la balustrade et le canapé sont ramenés. Les juges contribuent à parvenir à un règlement, ce qui explique peut-être que leurs verdicts officiels sont rendus instantanément, sans pause de réflexion ni de consultation ; ils ont sans doute entendu tous les détails de l'affaire et ont pris une décision à l'avance.

Les lecteurs du roman sombre mais délicieux de Don Vicente Blasco Ibáñez, « La Barraca », se souviendront de la scène de la « Porte des Apôtres » où Batiste, incapable de contenir son indignation face à l'injuste accusation portée contre lui, est condamné à une amende pour son enthousiasme. interruptions et une amende également pour le méfait qu'il n'avait pas commis. Mais en règle générale , la scène est calme et presque solennelle. Le tribunal a le caractère sacré des années ; le paysan respecte une institution qui était la même du temps de son père, de son grand-père et de ses ancêtres il y a cinq siècles. Les juges, qui avant et après étaient de simples paysans, sont pour le moment investis du pouvoir de trancher des affaires d'une importance vitale ; car, sans tenir compte de la sentence du tribunal, ils peuvent priver un homme entièrement de son droit à l'eau, et ainsi le rendre sans le sou, lui et sa famille. Ils représentent toute la Huerta, incarnant à la fois son esprit indépendant et ses traditions conservatrices. Quelques minutes après que les juges se sont levés, et parfois avant que l'horloge de la cathédrale ait sonné midi, le canapé et la balustrade ont disparu, et il est difficile de se rendre compte que le jugement séculaire des eaux, si primitif et si impressionnant, a réellement eu lieu. dans cette ville de deux cent mille habitants, et sur cette place pavée où les passants sont désormais peu nombreux, et la fontaine centrale coule et ruisselle en silence.

<h1 style="text-align:center">XIII</h1>

<h2 style="text-align:center">SÉVILLE EN HIVER</h2>

C'est au printemps, de mars à mai, que Séville est principalement visitée ; l'air chaud et le soleil brûlant, les orangers en fleurs, les grandes fêtes religieuses, les célèbres corridas, attirent une foule d'étrangers, et la ville a une animation inhabituelle même dans la capitale gaie et animée de l'Andalousie. En hiver, Séville a un charme plus calme, mais peut-être pas moins puissant. L'hiver apporte souvent une succession de journées fraîches et claires, lorsque le ciel est d'un bleu serein, presque transparent, avec des couchers de soleil dorés. Les lignes blanches des maisons aux toits plats vues sur le bleu du ciel du soir ont la douce lumière et la couleur des opales, tandis que les collines lointaines de l'horizon sont légèrement violettes. En ces jours calmes, la rivière immobile reflète les lignes de bouleaux argentés sans feuilles et de tamaris jaunes dans tous les entrelacs de leurs fines branches. Quelques mètres plus loin de la rive, de chaque côté, des milliers d'orangers sombres portent des fruits brillants et entourent la ville d'une frange de lampes. Au-dessus et à travers les arbres maintenant nus et gris du *Paseo de las Delicias* se dessinent les verts variés des grands eucalyptus et des palmiers, des orangers et des cyprès des jardins de Santelmo . Sur le quai se trouvent d'immenses monticules d'oranges prêtes à être emballées : le soleil brûlant remplit l'air de leur parfum, les enfants lancent des attaques volantes et se retirent précipitamment avec une orange chacun, tandis qu'un mendiant occasionnel reçoit également son allocation du magasin apparemment inépuisable. Dans la *Calle de las Sierpes* , toujours bondée, de petits étals ouverts exposent des violettes fraîches, de magnifiques œillets et roses, et dans certains jardins , on peut voir des roses et des géraniums en fleurs. Dans les jolis jardins de l' Alcázar , le soleil tire un parfum délicieusement mêlé de buis, de myrtes et d'orangers.

Parfois, toujours par temps sans nuages, le vent est froid et perçant et tous sont étouffés jusqu'aux yeux, les hommes en capas , les femmes en longs châles. Dans le *Patio de los Naranjos* , sous les arbres chargés d'oranges, le vent balaie le pavé de briques brutes, entremêlé d'herbe et du vert plus terne des mousses, et fait trembler les feuilles tombées en lignes et en cercles. Loin au-dessus, la grande Giralda se dresse rose et gris crème dans le ciel clair d'hiver. Près de la Porte du Pardon, dans un coin brûlant du soleil et à l'abri du vent, quelques mendiants assis se réchauffent et regardent avec une patience et une immobilité orientales. Les rues sont pour la plupart trop étroites pour laisser entrer le soleil, mais sur les *places* et dans tous les espaces ouverts, on voit des hommes se prélasser au soleil, *tomando le sol* . Le long du pont qui mène au faubourg de Triana , les sièges des deux côtés sont bondés. Triana , mieux que Séville, correspond à la description de Cervantes d' une ville où les aventures se rencontrent à chaque coin de rue, et Triana fournit une armée de flâneurs dont la mission de la vie en hiver est de « prendre le soleil ».

À la veille des grandes fêtes hivernales, comme l'Épiphanie, il fait déjà nuit lorsque les offices ont lieu, et la vaste cathédrale est faiblement éclairée par des centaines de bougies et de faibles lampes suspendues, bien que la dernière lumière du jour s'attarde encore un moment dans les profondeurs. des rouges et des violets, du vert, de l'orange et toutes les couleurs des fenêtres au-dessus. Il n'y a pas de procession des Rois Mages à travers la ville ; à Alcoy, dans la province de Valence, les Rois Mages arrivent dans la ville, chargés de cadeaux, par-delà les montagnes grises qui l'entourent, et la moitié de la population sort à leur rencontre, mais Séville est trop « civilisée » pour cela. .

Même à Séville, toutes les journées d'hiver ne sont pas sans nuages et sereines. Sur certaines d'entre elles, le ciel est d'un gris uniforme, et la pluie tombe sans cesse jusqu'à ce que le centre des rues plus étroites, inégalement pavées, surélevées de chaque côté et sans trottoir, devienne un ruisseau coulant. Mais lorsque le soleil andalou réapparaît, les maisons ont une fraîcheur supplémentaire dans leur blanc éclatant, ou dans leurs manteaux d'un vert pâle ou rouge, jaune ou violet (même si même ceux-ci ont généralement une ligne blanche le long du toit), et dans l'air. c'est une sensation de printemps. Il y a une ancienne chanson andalouse qui fait dire à Mars à Janvier :

« Con tres días que me quedan
Y tres que me preste mi compadre Abríl
He de poner tu ovejas
Que te acordaras de mi . »

(Avec les trois jours qui me restent et les trois que m'a prêtés mon amie April, je mettrai vos moutons dans un tel état que vous vous souviendrez de moi.) Voici le Cumbrien :

« March a dit à Aperill
: « Je vois trois haggs [moutons] sur une colline.
Et si vous me prêtez trois
jours, je trouverai un moyen de les faire mourir. »

Mais la rigueur des jours qui suivent à Cumberland n'a pas de place ni d'équivalent dans les districts bas d' Andalousie :

« Le premier d'entre eux était le vent et la pluie ,
le deuxième d'entre eux était la neige et la neige fondue,
le troisième d'entre eux était le gel

. Il a gelé les nebs des oiseaux sur les arbres ;
Quand les trois jours furent passés, les
trois stupides haggs arrivèrent en hurlant. dommage .

À Séville, quelques semaines après la Fête des Rois, l'hiver est vraiment terminé : en février, le ciel est d'un bleu plus intense , et avec l'allongement du soleil, la chaleur augmente. Les jours de printemps suivent dans leur splendeur incomparable , jusqu'à ce que finalement la chaleur ardente du soleil pousse tous ceux qui peuvent quitter la ville vers le refuge plus frais de la mer ou des collines.

XIV

D'UN HAUT DE MAISON DE SÉVILLE

En hiver, le ciel de Séville reste parfois sans nuages pendant des semaines. Jour après jour s'ouvre et meurt paisiblement comme une fleur parfaite ; ou, si un fort vent froid traverse la journée, il souffle toujours dans un ciel d'un bleu clair sans limites. Mais au début du printemps, le ciel est souvent voilé d'une voûte grise flottante, ou l'on peut observer les masses blanches de nuages s'amincir et se fondre sur le bleu. Et le bleu n'est plus fixe, lointain et serein ; même lorsqu'il semble clair, il a un vague mouvement de brumes qui se dissolvent, une douceur blanche intangible l'entrelaçant. C'est cette qualité du ciel, s'harmonisant si bien avec les lignes douces et les couleurs délicates de la ville, qui donne à Séville au printemps son charme sans faille. Ce charme est particulièrement ressenti à l'heure où les cigarettes des hommes commencent à briller et parsèment les rues de minuscules lucioles, distinctes comme les fleurs blanches que portent les femmes dans leurs cheveux. Les œillets rouge foncé et les violettes sombres des étals de fleurs ouverts se fondent dans l'ombre ; les verts clairs, lilas, jaunes, bruns et bleus des maisons prennent une teinte plus grise. Le dernier soleil jette son éclat plus mince le long des lignes blanches des toits plats qui se détachent à de nombreux niveaux et angles sur le ciel bleu ou bleu et blanc, et l'effet est celui des perles et des opales, non pas l'éclat des opales polies, mais , pour ainsi dire, des veines bleues d'opale dans de la craie blanche. L'ouest est rempli d'un éclat uniforme d'or pur, et actuellement le ciel de l'est passe également du bleu à un léger gris doré. Un à un, les lampadaires suspendus commencent à répandre leur douce lueur de lumière blanche, et au-dessus les premières étoiles brillent faiblement, disparaissent et réapparaissent. Les cloches des chèvres et le son plus doux des cloches des vaches se font entendre tandis qu'elles font leur ronde du soir pour se faire traire, conduites par un garçon à califourchon sur son âne, ou par un vieillard au parapluie rose fané ; ou bien un âne passe chargé d'oranges, l'or des fruits luisant à travers la lueur crépusculaire entre les filets des paniers. Un souffle d'air de campagne envahit la ville ; la journée de travail est terminée, et peut-être entendez-vous depuis une église ou un couvent « une cloche lointaine qui semble pleurer la fin du jour » :

"Squilla di lontano
Che paia 'l giorno pianger che si beaucoup plus .

Le rapide crépuscule du Sud disparaît bientôt, mais cette courte heure incarne plus que toute autre la magie d'un printemps sévillan. Car Séville est en d'autres temps « une ville pleine d'agitation, une ville tumultueuse, une ville joyeuse ». Il se réveille au son d'une musique discordante composée de nombreux cris de rue. Toutes sortes de marchandises sont vendues de manière stridente, avec des cris forts ou des chants lents ressemblant à des chants funèbres. Plus tard dans la journée, les cris plus mélodieux de « Oranges ! Eau! Des violettes ! Des œillets !— *¡ Qué bonnes des naranjas ! Agua, quien je veux eau ! Violetas ! Clavelès !*» Mais sur les toits plats, pavés de briques, entourés de murs de différentes hauteurs, de trois à vingt pieds, tous blanchis à la chaux jusqu'à leur sommet, ces bruits de la rue parviennent faiblement. Le bruit des roues sur les pavés est atténué, les cloches des vaches et des chèvres lentement conduites carillonnent au loin ; parfois on entend le sifflement complexe du rémouleur, ou un orgue de Barbarie joue une danse interminable au claquement des castagnettes , qui fascine par sa répétition incessante. Mais les sons sont vagues et sourds, sans dureté ni stridence, et ici règne un calme plus ininterrompu que dans les frais *patios de marbre* en contrebas, avec les fréquentes entrées et sorties par les *reja de fer de la porte* . Sur les murs ou dans la ligne d'ombre en dessous se dressent des rangées de plantes : roses, géraniums, héliotropes et surtout œillets. De là, les vendeurs ambulants remplissent leurs étals ouverts et leurs paniers d'œillets géants du printemps, les plus petits œillets précoces provenant principalement de Malaga. Et les œillets ne sont jamais plus beaux qu'on les voit, rouge foncé, roses ou jaunes, sur ces murs d'un blanc scintillant ; on est obligé de les appeler par leur nom allemand ou « doux espagnol » : *Nelken , claveles* . Le soleil levant éclaire les toits et les fait briller comme la neige entre les espaces sombres des tuiles vernissées de bronze ou vertes ou bleues, les tours élancées et les toits peu fréquents, recouverts au printemps d'une épaisse couche d'herbe, comme de petits champs. Ou bien, par une nuit de lune, la ville a un aspect fantôme de sépulcres blanchis , et si aucune lune ne regarde autour d'elle avec délice lorsque le ciel est nu, on a une vue ininterrompue des étoiles dans tout le ciel, comme depuis le pont d'un navire. À midi, quand le soleil est tout en feu et réduit les lignes d'ombre à de simples bordures noires, on ne peut pas regarder plus d'un instant à travers l'éclat éclatant du blanc. Le matin, c'est une fraîcheur exquise. Peu de fumée s'élève des maisons - seulement une petite traînée de gris occasionnelle - mais, au-delà, une ligne dense s'élève de l' usine d' *azulejos* Cartuja et pend d'un noir-violet sur le ciel bleu - le ciel du matin strié de volutes de lumière ondulantes. nuage blanc ressemblant à une brume. Il y a le battement d'ailes des pigeons qui voltigent d'un mur à l'autre, et le gazouillis d'innombrables moineaux. Les heures sont marquées par le son du cristal de nombreuses horloges qui ne sont entendues que faiblement et par intermittence d'en bas dans la circulation routière. Mais c'est le soir que le toit de la maison a un charme presque magique, lorsque le soleil s'est couché dans un ciel d'or délicat et qu'à l'est de longues lignes minces de nuages blancs et violets pâles s'étendent sur un ciel du bleu le plus clair. Puis les fleurs le long du mur diffusent tout leur parfum. Les hirondelles tourbillonnent et font des écarts au-dessus de leur tête ou effleurent légèrement les cent niveaux de tourelle et de mur blanchis à la chaux. Les *clavèles* s'estompent lentement dans le crépuscule grandissant ; la vaste plaine inégale de murs rougeoyants devient progressivement indistincte et floue ; enfin le ciel aussi est moulé selon une parfaite symétrie de gris, et peut-être une immense lune orange monte lentement au-dessus de la ville. Séville est belle en hiver, lorsque le ciel est d'un bleu froid et serein et que, nuit après nuit, les étoiles scintillent et scintillent ; beau au printemps, quand partout, sur les toits, *les terrasses* et les jardins, c'est un triomphe du vert, quand les oranges pendent encore sur les orangers en fleurs - comme des crocus jaunes surgissant de la neige - et que le maïs est déjà riche en olives. au-delà de la rivière; belle en été, lorsque les verts sont desséchés et ratatinés et qu'un vent chaud souffle lourdement sur les toits évanouis, ou dans les nuits de silence étouffant, la lueur intense de nombreux *patios éclairés* tombe sur l'obscurité veloutée des rues étroites. Belle en tout temps, mais jamais plus belle que dans les jours tempérés du printemps, lorsque cent cloches sonnent pour la fête de la Résurrection et que les fleurs des innombrables toits sont cueillies pour la *fête* ; quand, dans des scènes de magie féerique, les lents *pasos* se déplacent avec leurs myriades de bougies allumées dans le crépuscule, le long des rues et *des places bondées* jusqu'à la Cathédrale, tandis que, toujours paisiblement au-dessus de sa Cour des Oranges, la grande Giralda regarde à travers la ville qui l'entoure. , aux larges *dehesas* d'Andalousie, aux champs verdoyants et aux collines couvertes d'oliviers au-delà du Guadalquivir qui coule doucement, et à la ligne lointaine de la Sierra Morena.

XV

FÉVRIER EN ANDALOUSIE

AUCUNE personne sur cent qui visite Séville et Grenade ne voit plus qu'un aperçu du beau pays et des curieux villages d'Andalousie ; pourtant il y a beaucoup de plaisir et d'intérêt à tirer d'un voyage à travers toute cette région. En février, un départ matinal avec le soleil permettra au voyageur à cheval ou à pied d'accomplir une bonne journée de voyage, puisque le soleil n'a pas encore commencé à brûler et l'oblige à se reposer pendant environ six heures centrales de la journée, comme plus tard en l'année. Et les contours de chaque côté sont d'une clarté exquise, le ciel est généralement sans nuages et les ruisseaux coulent là où plus tard il n'y aura que des canaux asséchés. Par endroits, les champs et les bords de route sont bleus et violets avec des iris nains (les paysans les appellent simplement *liris* , lys), et les amandiers sont en fleurs ; et à aucun moment de l'année il n'y a de contraste plus grand et plus délicieux entre le printemps dans la vallée et l'hiver sur les collines. Près de Séville, les immenses plaines s'étendent interminablement jusqu'aux montagnes pâles, pâturages bruns et vert terne de bruyères et de palmiers nains, tachetés de stries d'eau blanc argenté ; des troupeaux de bovins, d'un noir brillant avec des cornes blanches, des cochons, des chevaux et de grands troupeaux de moutons y paissent. Ou encore, le pays est doucement vallonné comme les collines du Sussex, mais avec des contours plus doux et un horizon de montagnes d'un bleu pâle, en février d'une douceur exquise. Un village couvre souvent entièrement l'une des petites collines, non pas une maison qui s'aventure en avant pour former une périphérie, mais le tout regroupé et compact. Des rues escarpées, parfaitement droites, aux pavés étroits et pointus, sans trottoirs latéraux, montent jusqu'à l'église du sommet à travers des rangées de maisons basses, blanchies à la chaux, d'un seul étage et d'une blancheur éblouissante. Le soir, les ouvriers arrivent des champs les plus éloignés en une file continue, à pied ou sur des mulets et des ânes, et les enfants sortent à leur rencontre et sont reconduits au village. Parfois leur retour s'effectue sur plusieurs kilomètres , par de profonds sentiers terreux ou pierreux, et, avec leurs pioches luisantes (*pioches* , *azadones*) sur les épaules, ils se dessinent tantôt clairement sur le ciel du soir, tantôt se perdent de vue dans le ciel. un des nombreux creux des collines. De loin comme de près, il n'y a aucun arbre, « ni buisson ni arbuste qui puisse résister à n'importe quel temps », et les vents semblent avoir criblé et façonné les collines en monticules et en creux doucement plissés. En février, les vents soufflent encore de temps en temps avec un souffle glacial, et vous rencontrerez des hommes sur des mules et des ânes à pompons pourpres et magenta, étroitement enveloppés dans *des capas* brunes à l'ancienne , dont seuls les yeux sont visibles. Sur la route, il y a peu de voyageurs : des charbonniers descendant des collines avec des troupes d'ânes chargés, ou une lente charrette tirée par un chapelet de mules, le conducteur endormi paresseusement et les rênes sortant d'entre les semelles de ses sandales, [92] ou une troupe de bohémiens , ou de vendeurs d'oranges avec les sacoches de leurs mules remplies d'oranges, vendant maintenant à six *réaux* , un peu plus d'un shilling, la centaine. Parfois, le pays est tout gris et glacé, et seulement un peu plus loin (comme près d'Arcos de la Frontera, blanc comme neige), se trouvent de grandes haies d'arbustes, d'aloès, de ronces et de cactus, avec un bruit d'abeilles, et flottant blanches et jaunes. des papillons et de larges espaces de grandes fleurs ramifiées d'asphodèle et de romarin gris parfumé. Ou encore, dans un coin de collines balayées par le vent , vous trouverez peut-être une *huerta abritée* avec une épaisse haie de grands cyprès noirs ; les oranges couvrent les arbres d'or, et les amandiers répandent sur la route poussiéreuse un épais tapis de fleurs brisées, roses et blanches. À Grazalema on ne mène qu'un sentier raide et étroit après avoir quitté la route non loin d' Algodonales (prononcée par les paysans dans un torrent de voyelles Aooae) et traversé la rivière Guadalete . Dans la vallée, les oranges brillent par myriades, et les collines immédiatement au-dessus sont colorées d'une gerbe continue d'amandiers en fleurs, couvrant entièrement leurs flancs et les couronnant parfois de triomphe. Et bien au-dessus, au-dessus des bois de liège et de chênes verts d'où s'élèvent de frêles lignes bleues de fumée des feux de charbonniers, apparaissent deux ou trois pics de neige nets sur un ciel bleu pâle. Le sentier monte le long de haies de ronces, à travers des asphodèles et des centaines de bigorneaux rampants, avec des tremplins et des ruisseaux coulants ; çà et là un moulin à huile d'olive blanc comme neige avec des cyprès sentinelles. Et, en contrebas, le Guadalete pâle, alimenté par la neige, coule rapidement sur des pierres blanches à travers des bosquets d'oranges. De loin, Grazalema donne l'idée fantaisiste de coquilles brisées sur un rivage pierreux, avec ses maisons blanches, roses et brunes, dont beaucoup sont en surplomb et semblent pousser sur des rochers escarpés. Du village, un chemin mène à travers des bois de liège, aux troncs dépouillés d'une couleur marron foncé , jusqu'à Ronda sur sa colline abrupte. D'Antequera à Malaga, la route fait une cinquantaine de kilomètres , et ici aussi il y a de merveilleux contrastes et un changement soudain de l'hiver à l'été. Dans les plaines désertes autour de Bobadilla, les amandiers ne montrent aucun signe de fleur, et les montagnes grises au-dessus des tours sévères et renfrognées d'Antequera sont liées par les glaces. En tournant le col, apparaît une vue magnifique de six ou sept chaînes de collines dentelées jusqu'à la ligne de mer au-delà de Málaga cachée : à gauche une chaîne fantastiquement déchiquetée, parsemée de neige en partie ; à droite, une longue ligne de montagnes enneigées qui se termine par une chaîne nue s'élevant de la mer pourpre. Et bientôt la glace s'amincit et disparaît, laissant la place aux iris, aux minuscules jonquilles et aux bigorneaux, et en descendant à mi-pente de la montagne, jusqu'à Villanueva, les amandiers ont déjà perdu la moitié de leurs fleurs, de leur herbe et de leur route poussiéreuse blanche et les sols sombres, fraîchement labourés, sont parsemés de pétales, et les champs de fèves sont en fleurs noires et blanches parfumées. Le long de la côte règne le plein été , les balcons sont chargés de fleurs traînantes, la mer est d'un bleu profond et le vent souffle à moitié sensuel sur les champs de haricots et les feuilles de canne à sucre vert fané, avec leur parfum de foin. Parfois, la route est bordée de peupliers, et des chars à bœufs y vont chargés d'herbes, de trèfles et de feuilles de canne à sucre. Ailleurs, la route serpente vers l'intérieur des terres à travers des collines rocheuses grises et des bois de pins au parfum prononcé, avec des aperçus de la mer bleue ; ou passe au-dessus des falaises, la mer gonfle d'un vert terne immédiatement en dessous ou mousse autour des rochers sombres. De Motril ou d'un autre point, on peut monter jusqu'à Grenade, la Sierra Nevada apparaissant et se modifiant continuellement ; et les pensées de l'Alhambra et d'autres noms magiques raccourcissent la route, même si elle offre de nombreux points de vue et villages magnifiques, comme Pino à gauche sur le flanc de la montagne, avec ses maisons blanches et ses toits d'un rouge-brun profond. Mais parmi les nombreux quartiers de foires d'Andalousie, le plus beau paysage est peut-être celui situé entre le Guadalquivir et La Mancha, une région de broussailles et de montagnes. La route de Marmolejo traverse des collines couvertes d'arbustes de toutes les nuances de vert, depuis le gris-bleu jusqu'au jaune criard, beaucoup d'entre eux parfumés, lentiscus, escalonia , *adelfa* , ciste, romarin et une centaine d'autres ; même en février, le soleil de midi embaume tout l'air. Près du village de Cardeña , à une trentaine de kilomètres de Marmolejo , une ruine est censée être celle de l'auberge où se sont déroulées de nombreuses scènes de « Don Quichotte », mais il ne reste que quelques pierres. Quittant le village tôt le matin dans le gel et la glace pour descendre à Montoro sur le Guadalquivir, la route est d'abord sauvage, bordée de chênes, avec des troupeaux de moutons, quelques champs de maïs, de nombreuses pies, la plaine des oiseaux et le vrombissement occasionnel d'une perdrix. Pourtant, même ici, dans quelques creux, il y a des vignes et des amandiers, et des espaces de plantes odorantes et de jonquilles sauvages jaunes, avec des papillons blancs ou bruns ou jaunes, un bourdonnement d'abeilles et un bruissement de lézards. La route traverse maintenant des collines d'arbustes odorants, si variés et ordonnés avec une harmonie si soignée qu'aucun jardin planté par l'homme ne peut rivaliser. De chaque côté se trouvent des chaînes et des chaînes de collines couvertes d'arbustes, vert terne, brun et bleu, brun là où les arbustes ont été coupés pour le feu. À droite se trouve une gorge large et profonde avec une petite rivière bien en contrebas et des aperçus de distances bleues et de vallées composées d'autres collines. À gauche, d'autres collines et, à travers une distance bleue de vallées, la Sierra de Jaen avec son magnifique sommet en forme de pyramide aux neiges les plus épaisses, et tout à droite, les deux sommets les plus pointus de la Sierra Nevada de Grenade, merveilleusement clairs au loin . . Entre eux et la Sierra de Jaen s'étend la chaîne enneigée au-dessus du village de Los Villares de Jaen. Dans la puissance transparente d'un midi de février, les collines les plus éloignées et les plus hautes sont violettes, et les grandes montagnes de neige au-dessous de la ligne des neiges deviennent pâles et grises. Montoro est une belle ville pittoresque s'élevant au-dessus du Guadalquivir et composée de sept ou huit étages de maisons en pierre rouge et blanchies à la chaux. Le haut clocher de l'église, également en pierre rouge, se dresse massivement au-dessus de la ville, et des rues pavées et escarpées y mènent. Depuis les fenêtres, les balcons et les jardins, les maisons donnent sur la rivière qui coule au-dessus d'un barrage au-dessus et au-dessous de la ville, de sorte qu'il y a un bruit perpétuel d'eau tumultueuse. De Montoro, on peut suivre le Guadalquivir, aujourd'hui un fleuve majestueux, à travers ses oliveraies jusqu'au célèbre pont d' Alcolea et la ligne blanche et basse sous les collines dénudées et les montagnes boisées qu'est Cordoue, vue de l'est. Partout sur les routes et dans les auberges d'Andalousie, les paysans sont courtois, agréables, intelligents, pittoresques ; toujours prêts à rendre tous les services en leur pouvoir, souvent extrêmement ignorants. Ils demanderont si « Ingalaterra » n'est pas le pays frontalier de l'Espagne et la confondront avec Gibraltar, ou si la reine était chrétienne avant son mariage. Pour la plupart, ils ne savent ni lire ni écrire ; [93] Pourtant ils conversent volontiers sur les sujets les plus divers, surtout sur la politique et la religion, le maire et le curé. Ici, une femme se plaint : « J'ai eu neuf enfants, et les neuf sont morts ; c'est mieux ainsi en ces temps de misère » ; là, un paysan décrit la Sierra enneigée au mois d'août, comme elle brille plus blanche que les lys à travers la plaine . *blanca , qu'une azucena* ; ou raconte combien le pays est beau à la fin du printemps, lorsque les coings, les pommes et les grenades sont en fleurs, *que es un paraiso* — un véritable paradis. Alors qu'ils sont assis autour de la *candela* , lors des froides soirées du début du printemps, les conversations se poursuivent dans la nuit, toujours agréables et courtoises, comme d'un *grand señor* à l'autre.

XVI

QUELQUES CARACTÉRISTIQUES DE LA LITTERATURE ESPAGNOLE

Il n'existe pas en Europe de littérature plus individuelle que celle d'Espagne. Elle a été fortement influencée à plusieurs reprises par d'autres pays, notamment par l'Italie et la France, mais dans ses nombreux chefs-d'œuvre, elle a une saveur de terroir, une coloration locale qui lui est propre. Même lorsque les auteurs espagnols ont emprunté le plus librement , ils ont généralement réussi à faire prévaloir leur propre individualité sur leur « espèce de vol honorable ». Qui a un génie plus individuel que Juan Ruiz, le joyeux archiprêtre de Hita ? Pourtant, il a été démontré que sa dette envers les auteurs français, latins et autres est très considérable. Dans cette forme d'emprunt – pratiquée par Shakespeare – qui n'est pas une imitation directe mais un prêt de briques pour en faire du marbre, il y a en effet une grande originalité. La phrase dans laquelle ont été résumés les mérites du marquis de Santillana pourrait s'appliquer à toute la littérature espagnole : lorsqu'elle cesse d'imiter, elle est inimitable. Les chants montagnards de Santillana : ses *serranillas* sont comme parfumées au thym des collines castillanes, tandis que ses sonnets à l'italienne sont incolores et artificiels.

M. Fitzmaurice-Kelly parle de « ce contact réaliste et forcé, cette vision alerte, cette impression intense de la chose vue et observée avec précision qui donnent à la littérature espagnole son cachet particulier d'authenticité ». L'atmosphère claire de l'Espagne, dans laquelle les montagnes lointaines semblent proches, est aussi l'atmosphère de la littérature espagnole. L'Espagnol a peut-être peu de subtilité de perspicacité ou de jugement critique, mais il a une vision directe qui s'est manifestée par le sectarisme, la brutalité et la satire cynique, ainsi que par l'humour vif, la franchise et la dignité de caractère . Le réalisme qui a produit les terribles Christs des Cathédrales, avec leurs longs cheveux humains et leurs blessures réalistes, ou les statues polychromes des sculpteurs espagnols, avec une représentation de la douleur sur le visage humain dans tout et plus que toute son horreur, c'est ce le réalisme peut être dû soit à une haine de tout ce qui est faux et factice, soit à un manque de sensibilité, à une incapacité à sympathiser sans un choc violent, un frisson de terreur. Qu'auraient dit les Grecs de ces traits torturés, de ces sourcils angoissants et de ces blessures coulantes ? C'est aussi un faux art de perpétuer dans le bois ou la pierre l'agonie de quelques instants culminants que de se représenter un visage riant ou bâillant, de la bouche perpétuellement ouverte duquel on se détournera bientôt en riant ou en bâillant. Ce réalisme a trouvé une expression moins dure dans la littérature espagnole, comme dans l' art sain et brillant de Velázquez. La brutalité se fait parfois sentir, comme dans certains écrits amers de Quevedo, mais le plus souvent l'esprit est plus noble et plus humain. Dans le « Poème du Cid » du XIIe siècle, tous les personnages ressortent avec une merveilleuse netteté, depuis le Cid lui-même jusqu'à l'enfant de neuf ans de Burgos, qui dit au Cid qu'on n'ose pas lui ouvrir ses portes par peur du L'édit du roi. Et les événements du poème se déroulent sous nos yeux avec un enthousiasme joyeux, une rapidité et un cachet de vérité dignes d'Homère. Nous voyons le Cid chevaucher avec une centaine de chevaliers choisis sur le pont d' Alcántara et dans les rues étroites de Tolède. Nous le voyons frapper à la porte de San Pedro de Cardeña pour dire adieu à son épouse Doña Jimena, et l'abbé, qui célébrait la messe pour le retour de l'aube, sortit en courant avec des lumières et des torches pour accueillir « celui qui est né dans l'heureuse heure." Nous le revoyons au combat alors que les fanions montent et descendent, nous entendons « le cri strident de l'épée » et le piétinement des chevaux devant lequel la terre tremble. Dans « Celestina », le long drame en prose de la fin du XVe siècle, nous avons la même vérité sur la vie, bien que dans des scènes très différentes. Ici, ce ne sont pas des chevaliers et des batailles, mais des gens du commun, la vieille Célestine ou les serviteurs de Calisto, qui sont dessinés d'une main de maître.

"Celestina" donne une idée des romans picaresques à venir, dont la fleur et la crème est " Lazarillo de Tormes " (1554 est la date de notre première édition), suivi de " Guzmán de Alfarache ", " El Buscón ". » et une longue postérité en Espagne, en France et en Angleterre. Il ne s'agit pas ici d'une histoire d'amour véritable comme celle de « Celestina », mais d'une faim qui la ronge et des efforts ingénieux de Lazarillo pour se procurer du pain. Ses maîtres successifs, le mendiant aveugle, le prêtre avare, le gentilhomme castillan sans le sou, le fripon vendeur de bulles papales, sont décrits dans l'autobiographie de leur serviteur Lazarillo , avec l'oeil aiguisé de la famine, et sont inoubliables, comme Lazarillo lui-même, dont le nom est devenu le nom commun en Espagne du guide d'aveugle, tout comme l'immortel Gavroche de Victor Hugo a donné son nom au *gamin de Paris* . Il s'agit en fait d'un chef-d'œuvre de sept chapitres courts, vivants dans chaque phrase, d'un humour direct et mordant , peut-être l'histoire la plus graphique jamais écrite. Quelques phrases laconiques donnent à une scène ou à un personnage un relief étonnamment élevé, et le tableau est aussi frais et vivant aujourd'hui que lorsqu'il est apparu pour la première fois il y a trois siècles et demi. Aucun autre pays ni aucune autre langue n'aurait pu produire un morceau de réalisme aussi cyniquement dépouillé, aussi complètement charmant. Il a le côté caustique des proverbes espagnols, la saveur amère de la dure Ibérie. Il appartient à la vie plutôt qu'à la littérature, mais à la vie représentée avec la retenue et la force d'un art consommé. Il a été très tôt traduit en anglais par « The Marvelus Dedes et le Lyf de Lazaro de Tormes . La paternité de « Lazarillo » a été attribuée à tel ou tel homme, et il y a eu de nombreuses discussions à ce sujet, sans le moindre degré de certitude. Le nom de Hurtado de Mendoza apparaît fréquemment sur la page de titre. Né en 1503, il était vivant au moment de la parution du roman ; il était auteur ; il pouvait écrire dans un style tranchant, voire calomnieux, comme le montrent ses lettres concernant le pape : il le traite de vieux coquin, *vellaco* ; mais ce ne sont pas des preuves concluantes. Quel que soit l'auteur, l'œuvre règne toujours en maître, même si beaucoup ont pu penser avec Ginés de Pasamonte dans « Don Quichotte » que ce serait un mauvais moment pour « Lazarillo » lorsque paruraient leurs mémoires. Un demi-siècle après « Lazarillo », la même fidélité à la réalité picaresque, avec une vision plus large et une sympathie plus universelle, se retrouve dans les « Novelas » . Exemples » de Cervantes. Rinconete et Cortadillo , les héros éponymes de l'une de ses histoires les plus connues, sont étroitement liés à Lazarillo ; ce sont en fait les Lazarillos du sud de l'Espagne. Il est inutile d'insister sur le réalisme de « Don Quichotte ». M. Fitzmaurice-Kelly, se référant à son triomphe immédiat, dit : « Pour les lecteurs contemporains, le charme de « Don Quichotte » résidait dans son amalgame d'éléments imaginatifs et réalistes, dans ses épisodes accumulés, dans sa sympathie infinie et son humour persuasif . Il n'y avait donc aucun doute quant à savoir si « Don Quichotte » était un puits de doctrine symbolique. La toile était remplie de personnages familiers à quiconque avait des yeux pour voir ses compagnons sur les routes poussiéreuses d'Espagne. Les filles qui servaient à Don Quichotte du stockfish et du pain noir ; le garçon Andrés, écorché dans le bosquet de chênes par Juan Haldudo le Riche de Quintanar ; les chevriers assis autour du feu sur lequel mijotait la marmite de chèvre salée ; les trois vifs couturiers du poulain de Cordoue ; la procession de minuit qui escorte le cadavre de Baeza à Ségovie et chante des chants funèbres sur la route ; la douzaine de galériens qui marchaient, enfilés ensemble comme des perles sur une chaîne de fer ; tout cela est observé et présenté avec une précision magistrale des détails. [94]

Malgré les censeurs et les inquisiteurs, la littérature espagnole était libre et franche, car elle décrivait la vie telle qu'elle était. S'il témoigne d'une dévotion à l'Église et au Roi, c'est parce qu'il s'agissait de convictions nationales profondément enracinées. Mais les prêtres sont parfois moins respectés. Le Cid menace de faire des vêtements du pape des atours pour son cheval, et nous avons vu que Hurtado de Mendoza, ambassadeur du roi d'Espagne à Rome, parle de Sa Sainteté dans des termes qui rappellent les emportements passionnés de Benvenuto Cellini. Nous avons vu aussi les portraits peu flattés du prêtre et du vendeur de pardon dans Lazarillo de Tormes . Cervantes, qui « respecte et adore l'Église en tant que chrétien catholique et fidèle », ne manque pas de se moquer des grosses *alforjas* , des sacoches bien approvisionnées des *señores* . *clérigos* , « qui se laissent rarement tomber malade », et il traite plus sévèrement les prêtres de maison qui «

gouvernent les maisons des princes et, n'étant pas eux-mêmes de naissance princière, sont incapables de diriger la conduite de ceux qui le sont », et qui « en essayant d'apprendre à ceux qu'ils gouvernent à être étroits et limités, les rend malheureux ». Il nous donne le tableau des faux pèlerins qui parcourent l' Espagne de long en large, « et il n'y a pas un village où ils ne reçoivent de la nourriture et des boissons et au moins un *réal* en argent, et à la fin de leur voyage ils repartent du pays avec un trésor de plus de cent ducats », et il se permet même de se demander pourquoi le singe malin de Ginés de Pasamonte n'a pas été traduit devant les messieurs de l'Inquisition.

Il y a dans la littérature espagnole des signes occasionnels d'une imagination déformée, d'un désir incessant de matérialiser l'invisible, qui n'est pas un rêve fantaisiste, mais plutôt une sorte de superréalisme, un effort tendu et persistant pour atteindre une perfection tangible - l'esprit qui dans certains bâtiments espagnols, on a ajouté ornement sur ornement jusqu'à ce que le résultat soit une riche magnificence dans une infinité de détails mais une hideur dans son ensemble. Nous en trouvons une forme dans des œuvres telles que les « Sueños » de Quevedo, une autre, le Churrigueresque, dans le style ultérieur de Góngora . D'autre part, nous avons les grands mystiques espagnols dans leur sincérité, reflétée dans l'exquise simplicité de leur style, l'une des plus nobles gloires de la littérature de leur pays. Pourtant, comme on l'a souvent souligné, eux aussi étaient avant tout pratiques ; Luis de León, par exemple, énergique chef de l'Ordre des Augustins ; Santa Teresa, l'administratrice sage et infatigable. Leurs écrits ont la transparence ardente de Pascal et toute la précision claire et vive des écrivains militaires de nombreux pays, chez lesquels, comme dans celui d'un si grand nombre d'Espagnols, « la lance n'a pas émoussé la plume ». [95] Les mystiques s'élèvent vers de nobles hauteurs de sublimité, mais la vertu de leurs écrits est qu'ils vont droit au but, sans rhétorique vague ; et aucun avocat ne pouvait surpasser la lucidité avec laquelle Luis de León a mené sa propre défense devant l'Inquisition.

Le point le plus faible de la littérature espagnole est peut-être son manque de perspicacité critique. Rares sont en effet les auteurs espagnols dont on puisse dire, comme Ticknor l'a dit il y a longtemps à propos de Luis de León, qu'il n'y a guère de vers de leur poésie qui ne soit exquis. Le génie indéniable d'Espronceda , par exemple, se brise sur ce fragment encombrant « El Diablo Mundo ». L'excès de facilité de composition a été la pierre d'achoppement des auteurs comme elle a été la pierre d'achoppement des orateurs d'Espagne. Il est rare qu'un orateur dans les *Cortès espagnoles* soit à court de mots pour exprimer ses idées ou pour en dissimuler le manque. Chacun, comme Don Adriano de Armado dans « Love's Labour's Lost », est un

"Il a une multitude de phrases dans son cerveau,
Celui que la musique de sa propre langue vaine
ravit comme une harmonie enchanteresse."

Même un orateur aussi merveilleux qu'Emilio Castelar était parfois emporté par la magnifique éloquence qui coulait infailliblement de ses lèvres. De la même manière, Lope de Vega pourrait réussir un match dans quelques jours. Plus de 2000 pièces de théâtre et *automobiles* lui sont attribuées, et sur les 450 qui restent, ses plus fervents admirateurs avouent qu'il existe des régions arides. Et, d'ordinaire, cette abondance a été un défaut, contraire à la littérature espagnole, et elle continue d'être un défaut : Señor Blasco Ibáñez écrit ses brillants romans avec une hâte évidente ; Le Señor Pérez Galdós est entré dans la cinquième série de dix de ses « Épisodes Nacionales », et ses autres romans et pièces de théâtre sont très nombreux. Une telle richesse de production ne pouvait que nuire au jugement critique. Au XIXe siècle, l'Espagne a produit un ou deux excellents critiques, notamment Larra et *Clarín* , pseudonyme de Leopoldo Alas, auteur de « La Regenta », l'un des romans psychologiques les plus marquants du siècle. En général, cependant, si la critique littéraire allemande est circulaire et, bien qu'elle éclaire les sentiers détournés de son savoir, erre autour du sujet sans jamais vraiment l'aborder, la critique littéraire espagnole est superficielle et soit voile le point dans un entrelacs de mots polis, soit ou est empêché par cette rhétorique même de comprendre l'essentiel. Même Valéra, qui a si soigneusement élaboré sa propre prose et dont les vers, bien que non inspirés, sont toujours délicats et polis, était loin d'être un bon critique. Il louait avec effusion des œuvres qui méritaient au mieux le silence, et ce manque de sincérité en matière littéraire est, il faut le craindre, une faiblesse commune en Espagne.

La caractéristique de la littérature espagnole qui l'unit dans un lien particulier de sympathie avec la littérature anglaise est sa grande réserve d' humour . Il nous rencontre dans le « Poema del Cid », dans le personnage du Cid et dans la détection rapide du ridicule ; les poèmes de l'archiprêtre de Hita sont pleins de gaieté et de représentations humoristiques de personnages ; l' humour de l'archiprêtre reparaît dans « Lazarillo de Tormes », mais sans sa gaieté joviale ; avec Quevedo, sa veine devient cruellement satirique. L'humour n'a pas abandonné Luis de León lorsqu'il était malade et solitaire dans la sombre prison de l'Inquisition à Valladolid ; et on la retrouve chez une grande majorité d'auteurs espagnols, n'étant qu'un autre aspect de leur observation directe et sans nuages. Dans le livre le plus humoristique de tous, même Don Quichotte, le chevalier à la triste figure, est contraint de rire : à la vue de Sancho, lit-on, sa mélancolie n'était pas assez forte pour l'empêcher de se joindre à son rire - et le le monde entier se moque de lui, pas de lui.

C'est parce que la littérature espagnole est intensément nationale qu'elle a un intérêt si universel et, dans sa phase la plus récente, le roman, elle a un caractère local plein de charme. José María de Pereda, par exemple, ne quittait pratiquement jamais sa province cantabrique natale. Il a écrit sur les lieux et les gens qu'il comprenait et aimait. Pourtant, personne qui a lu ses grands romans, « El Sabor de la Tierruca », ou « Sotileza », ou « Peñas Arriba », ne prétendra qu'ils sont provinciaux ou que leur intérêt est simplement local. [96] Ses caractères sont universels, et Pereda est un autre exemple de la vérité selon laquelle celui qui creuse un peu de terrain en profondeur récolte une meilleure récompense que celui qui travaille à faible profondeur sur une grande étendue. Alors monsieur Blasco Ibáñez est lu avec le plus grand plaisir lorsqu'il cultive son propre jardin – la ville et la province de Valence.

XVII

LE POÈME DU CID

1.— UN CHEF-D'ŒUVRE PRIMITIF

Le héros national de l'Espagne a été présenté sous de nombreuses formes, mais il n'est nulle part plus intensément espagnol que dans le « Poema del Cid ». Il n'y a pas ici d'événements merveilleux ni de miracles, pas de voyages hors d'Espagne à Paris et à Rome ; tout se passe naturellement et simplement dans le milieu espagnol, et ce premier grand chef-d'œuvre des lettres espagnoles a une forte saveur du terroir. Après avoir remporté une « victoire merveilleuse et grande » sur les Maures en Espagne, le Cid dit : « Je rends grâce à Dieu qui est le Maître du monde ; Avant, j'étais dans le besoin, maintenant je suis riche, car j'ai des biens, des terres, de l'or et de l'honneur ... Maures et chrétiens vivent dans une grande peur de moi. Là-bas, à l'intérieur du Maroc, là où se trouvent les mosquées, elles espèrent avoir une incursion de ma part une nuit. Ce n'est que leur peur, car je n'y pense pas. Je n'irai pas les chercher , je serai à Valence. Le Cid est chevaleresque, courageux, magnanime, simple, doté d'un fort sens de l'humour et d'un amour du fair-play. Avec une simple bonne foi, le poète ne voit pas la nécessité d'expliquer ou d'excuser les actions de son héros qui pourraient paraître répréhensibles à une époque ultérieure, comme la tromperie exercée sur les deux Juifs. Bien qu'il ne soit pas historique, le poème a un air de vérité et de sincérité profondément impressionnant. Il a probablement été composé au milieu du XIIe siècle, soit à peine plus de cinquante ans après la mort du Cid en 1099. Il a été attribué au début du XIIIe siècle, mais des preuves intrinsèques justifient une date antérieure. Le langage est plus archaïque que celui des écrivains du XIIIe siècle. Des traces de la chrysalide latine apparaissent. « Demain matin » est *cras á la mañana* , moitié latin et moitié espagnol, et « chacun » de la même manière est *quiscadauno* , tandis que le mot *huebos* , qui apparaît fréquemment dans le sens de *menester* , n'est qu'un *opus latin* à peine déguisé . . Le poème, tel qu'il nous est parvenu incomplet, compte près de quatre mille vers. Il est écrit en longues lignes assonantes d'un nombre inégal de syllabes. «Le poète», comme le remarque Tomas Antonio Sánchez, qui fut le premier à éditer le « Poema del Cid » en 1779, « ne songea pas à donner à un vers deux ou trois syllabes de plus que sa phrase l'exigeait », et des vers de onze et des vers de dix-huit syllabes apparaissent indifféremment. Du début à la fin, l'histoire avance sans faiblir ; le style est si rapide et si direct qu'il entraîne le lecteur avec lui. Il y a une joie et une fraîcheur dans le récit qui ont rarement été surpassées. [97] Ces événements ne se sont peut-être pas produits, ou se sont produits différemment, mais cela importe peu, puisque, grâce à l'habileté du poète inconnu, ils ressortent avec une vivacité qui les imprime de manière indélébile dans l'esprit du lecteur et prouve que rien n'est plus réel que ce qui ne s'est pas produit. Qui peut oublier, par exemple, l' arrivée du roi Alfonso et du Cid à Tolède, lorsque le roi passe dans la ville, mais le Cid reste de l'autre côté du Tage, dans le château de San Serván (aujourd'hui une belle ruine avec deux fenêtres maures restantes et entourées d'asphodèles nains au printemps). Il dit au roi : « Moi et le mien me reposerai à San Serván ; ce soir mes disciples arriveront. Je veillerai dans ce lieu saint ; demain matin, j'entrerai dans la ville. Ici, lui et ses partisans « disaient matines et prime jusqu'à l'aube », et le lendemain ils entrent à Tolède, le Cid magnifiquement vêtu et accompagné d'une centaine de chevaliers, traversant le pont d'Alcántara et remontant la rue escarpée et étroite jusqu'à la Cour ou Parlement. [98] Chaque détail de sa robe est donné, pourpre, or et argent. Mais les détails frais et étrangement vifs sont fréquents dans le poème. Lorsque les comtes de Carrión ont indigné et abandonné leurs femmes, le poète s'arrête pour s'exclamer : « Quelle chance le Cid Campeador aurait -il pu apparaître ? Félez Muñoz, trouvant les filles du Cid presque à l'article de la mort, leur apporte de l'eau dans son chapeau : « elle était neuve et fraîche, et il l'avait apportée de Valence ». La messe est dite « au demi-chant du coq, avant l'aube ». Le Maure Abengalvon reproche ainsi la trahison de ses invités dans la préparation de son assassinat : « Dites -moi, que vous ai-je fait, comtes de Carrión ? Je te sers sans ruse, et tu as pris conseil pour ma mort, *Hyo sirviendovos sin art, E vos conseiastes para mi muert* . Rien de plus spontané et direct. Avec la même franchise, l'honnête Pero Bermuez appelle l'un des comtes de Carrión « une langue sans mains », « une bouche sans vérité », et nous lisons d' Asur González, qui « prenait son petit déjeuner avant d'aller à la prière », que « violet il venait ». car il avait déjeuné, et son discours était imprudent. Le récit de la bataille est bien connu : « ils serraient leurs boucliers devant leur poitrine, ils baissaient leurs lances avec leurs bannières, ils courbaient la face sur les selles, ils allaient les frapper avec un cœur hardi. D'une voix forte, il appelle celui qui est né à l'heure de l'apéro : « Frappez-les, chevaliers, par amour de la charité. Je suis Ruy Diaz, le Cid Campeador de Bibar . Tous frappent dans le groupe où se trouve Pero Bermuez . Trois cents lances sont là, toutes avec leurs bannières. Ils tuèrent chacun un Maure d'un seul coup, et en se retournant ils en tuèrent autant d'autres. Là vous verriez bien des lances monter et descendre, bien des boucliers percés et criblés, bien des cuirasses percées, bien des bannières blanches sortir rouges de sang, bien des bons coursiers aller sans cavalier. Les Maures font appel à Mahomet, les Chrétiens à Saint-Jacques. En peu de temps, mille trois cents Maures sont tués. Aucune version ne peut donner une idée de la vigueur de l'original. Mais il n'y a pas que les scènes de bataille qui sont traitées avec force et mises en haut relief. Nous pouvons prendre l'arrivée du Cid à San Pedro de Cardeña comme exemple de l'étonnante vivacité donnée aux épisodes plus calmes : « Les coqs chantent et l'aube tente de se lever, lorsque le bon Campeador arrive à San Pedro. L'Abbé Don Sancho, serviteur du Créateur, récitait les Matines pour le retour de l'aube. Et Doña Jimena, avec cinq nobles dames, priait saint Pierre et le Créateur : « Ô Toi qui guide tout, sois avec mon Cid le Campeador ». Il appelait à la porte et ils entendirent l'appel. Cieux! comme l'abbé Don Sancho était heureux ! Avec des lumières et des bougies, ils coururent dans la cour. Avec une telle joie, ils reçoivent celui qui est né à l'happy hour. « Je remercie Dieu, mon Cid, dit l'abbé Don Sancho, puisque je vous vois ici, acceptez mon hospitalité. »

II. Valence du Cid.

Le poème s'ouvre brusquement sur l'exil du Cid de Castille. Il se rend chez lui à Burgos mais trouve tout fermé contre lui. Seule une fillette de neuf ans lui raconte que « la nuit dernière est arrivée la lettre du Roi. Nous n'osons pas vous ouvrir ni vous recevoir, sinon nous perdrions nos biens et nos maisons, et surtout les yeux de nos têtes.

Pour obtenir de l'argent, le Cid remplit de sable deux coffres, et sur ceux-ci « recouverts de cuir rouge et cloués de clous bien dorés », il obtient six cents marks des juifs Rachel et Vidas . Ils ne doivent pas ouvrir les coffres pendant un an. Sur le mur du cloître de la cathédrale de Burgos est encore accroché un ancien coffre connu sous le nom de *Cofre del Cid* . Ainsi meublé, le Cid quitte la Castille, et il prie solennellement Dieu et la glorieuse Sainte Marie, « car ici je quitte la Castille, puisque le Roi est en colère contre moi, et je ne sais si de tous mes jours j'y rentrerai. » Il prend congé de sa femme et de ses enfants au couvent de San Pedro de Cardeña et, après la messe matinale célébrée par l'abbé Don Sancho, s'en va en tournant la tête avec nostalgie pour regarder en arrière. Doña Jimena, son épouse, prie pour sa sécurité « le glorieux Seigneur le Père, qui a fait le ciel et la terre, et troisièmement, la mer, qui a fait les étoiles, la lune et le soleil pour donner de la chaleur ». Déjà les hommes affluaient sous la bannière du Cid, et son premier exploit est la prise de la ville de Castejon . Il se tient en embuscade devant lui : « L'aube se lève et le matin est proche. Le soleil s'est levé, mon Dieu ! comme c'est beau il s'est levé. A Castejon, tout le monde était réveillé. Ils ouvrirent les portes et sortirent rapidement pour voir leur travail dans les champs et leurs possessions. Quand ils furent tous partis, le Cid prit la ville. La ville suivante, Alcocer , il la capture également par ruse . « La nouvelle afflige ceux de Teca , les hommes de Teruel ne plaisent pas ; cela ne plaît pas aux hommes de Calatayud . Une armée de Maures assiège le Cid à Alcocer , et après trois semaines, les provisions manquant, il s'en va et remporte une grande victoire. Au son des tambours de l'hôte maure, « la terre était comme se fissurer ». Il poursuit l'ennemi jusqu'aux murs de Calatayud . *Fata Calatayuth duró el segudar* . Il envoie Alvar Fáñez à *Castiella la gentil* avec un cadeau de trente chevaux pour le roi Alfonso et de l'argent pour Doña Jimena, et pour mille messes à Santa María de Burgos. Saragosse accepte de rendre hommage au Cid. Don Remont Bérenger, comte de Barcelone, s'oppose à lui et persiste à s'engager, bien que le Cid lui envoie un message : « Je n'ai rien de lui, dites-lui de me laisser partir en paix. » Le résultat est une défaite écrasante de « l'armée des Francs » et le comte est fait prisonnier. Le récit de sa captivité est amusant. Le Comte refuse toute nourriture : « « Je n'en mangerai pas une bouchée pour tout ce qu'il y a en Espagne. Je préférerais mourir (lit. perdre mon corps et quitter mon âme) puisque des hommes aussi mal équipés m'ont battu au combat. Vous entendrez ce que disait mon Cid Ruy Diaz : « Mangez, Comte, de ce pain et buvez ce vin ; si vous faites ce que je dis, vous serez libre, sinon pendant tous vos jours vous ne verrez pas de terre chrétienne. » Le Comte ne mange rien pendant trois jours : « On ne peut pas lui faire manger un morceau de pain en partageant ce grand butin. » Alors le Cid renouvelle sa promesse de lui rendre la liberté : « Mais de ce que tu as perdu et que j'ai gagné aux champs, sache que je ne te donnerai aucune part, mais ce que tu as perdu, je ne te le donnerai pas, car j'ai besoin de je le ferai pour moi et pour mes vassaux, et je ne vous le donnerai pas. Enfin le comte cède. « Le comte mange, mon Dieu ! avec quelle bonne volonté. En face de lui était assis celui qui était né aux heures heureuses : " Si vous mangez mal, comte, et que je ne suis pas rassasié, nous resterons ici, nous ne nous séparerons pas. "... Le Cid, qui le surveille, est satisfait, tant le comte Remont a remué les mains, » et il l'accompagne dans son chemin. Le Comte prend congé et « va tourner la tête et regarder en arrière ; il s'en alla avec crainte que le Cid ne se repente, ce qu'il ne ferait pas pour tout ce qui existe au monde. De nouvelles victoires s'ensuivent. Le Cid mène la guerre « contre la mer salée » et prend entre autres villes Murviedro (l'ancienne Sagonte et l'actuelle Sagonte). Ici, il est assiégé par les Valenciens, mais sort et les vainc. *Fata Valencia duró el segudar* . Pendant trois ans, il continue de faire la guerre et de prendre des villes. « La renommée de mon Cid, vous le savez bien, fait du bruit. » « Les habitants de Valencia ne savent pas quoi faire. Le pain ne vient de nulle part, le père et le fils sont sans conseil, l'ami ne peut pas réconforter l'ami. Ce qui est mauvais, messieurs, c'est de manquer de pain. Après un siège de neuf mois, le Cid prend Valence. Il établit un évêché chrétien dans sa nouvelle ville et envoie un cadeau d'une centaine de chevaux au roi Alphonse. À son retour, Alvar Fáñez accompagne Doña Jimena et ses filles Elvira et Sol à Valence. Le Cid leur souhaite la bienvenue dans la ville : « ' Toi, épouse aimée et honorée , et mes deux filles, mon cœur et mon âme, entrez avec moi dans la ville de Valence, la possession que je vous ai conquise.' Mère et filles lui baisèrent les mains, c'est avec un tel honneur qu'elles entrèrent à Valence. Mon Cid les accompagna à la Citadelle : il les conduisit jusqu'à la partie la plus élevée. Les yeux de velours regardent de tous côtés. Ils regardent Valence, la ville, et de l'autre côté, la mer. Ils regardent la plaine, luxuriants et grands. Ils lèvent la main pour prier Dieu. Mon Cid et ses compagnons sont si heureux de ce bon et grand butin. L'hiver s'en va et mars est sur le point d'arriver... » Le roi maure Jucef , avec « cinquante fois mille » Maures, se heurte au Cid, mais est vaincu avec un grand massacre. "Il n'en resta pas plus de cent quatre." Un nouveau cadeau de deux cents chevaux est envoyé au roi Alphonse. Les comtes de Carrión décident maintenant de demander les filles du Cid en mariage, et le roi propose une entrevue avec le Cid « au-dessus du Tage, qui est un fleuve principal ». Le mariage est arrangé et les comtes retournent avec le Cid à Valence, où les festivités du mariage durent quinze jours. Les invités repartent chargés de cadeaux du Cid. "Riches ramènent en Castille ceux qui étaient venus aux noces." Et ici il y a une division très nette dans le poème. « Les couplets de cette chanson ont ici une fin. Que le Créateur soit avec vous et tous ses saints » (lignes, 2286, 7). Le reste du poème raconte la trahison et le châtiment des comtes de Carrión . Cela commence avec l'incident du lion. Un lion gardé dans la cour de la maison du Cid s'est échappé un jour alors que le Cid dormait. Ses fidèles partisans l'entourèrent pour le protéger, mais des comtes de Carrión , l'un se glissa sous le banc du Cid, l'autre courut par la porte en criant : « Je ne verrai pas Carrión » et se cacha derrière le rayon d'un vin. -appuyez, de sorte que son manteau et son pourpoint soient tous souillés. Le Cid, après avoir intimidé le lion, « demanda ses gendres, mais ne les trouva pas. Ils les appellent à haute voix, mais personne ne répond. Quand ils les ont trouvés et qu'ils sont venus, ils sont arrivés tout pâles. Vous n'avez pas vu de pareilles plaisanteries qui couraient à la cour. Mon Cid le Campeador a ordonné qu'ils cessent. D'autres événements montrèrent le mesquinisme et la trahison des gendres du Cid, et ses filles furent finalement fiancées à des hommes plus nobles, les infants de Navarre et d'Aragon. Le poème, tel que nous le connaissons, se termine par une prière pour que Dieu donne le paradis à celui qui l'a écrit (*c'est-à-dire* copié), et par une demande d'argent ou d'un verre de vin pour ses récitants : « Dat nos del vino si non tenedes des diners . »

XVIII

UN PRISONNIER DE L'INQUISITION ESPAGNOLE

I.— NOUVELLES

L A poésie de Luis de León n'est pas volumineuse ; il n'a pas une grande variété de thèmes ; il chante « la vie tranquille de celui qui fuit le tumulte du monde » ; mais il n'y a, comme on l'a dit, presque aucune ligne qui ne soit exquise. Et si, comme poète lyrique, Luis de León se trouve à l'avant-garde de la littérature espagnole, comme écrivain à la prose castillane éloquente et bien façonnée , il n'a eu que peu d'égal. Ses « Nombres de Cristo » sont l'un des chefs-d'œuvre de la langue espagnole. Les phrases sont peut-être parfois trop prolixes, s'allongeant dans une riche profusion de mots et d'images. Il avait, comme le disait Ticknor, une âme hébraïque et il aimait les comparaisons. C'est en effet en partie cela qui donne à son style une couleur et un son qui le classent parmi les plus grands prosateurs de tous les temps. Mais en tant qu'écrivain, Luis de León est trop connu pour avoir besoin de commentaires. Et pour lui, ses œuvres littéraires étaient d'une importance secondaire et occupaient une place subordonnée dans sa vie intense et énergique. Né en 1527, d'une famille bien connue de Belmonte, dans la Manche, il fut envoyé par son père à l'âge de quatorze ans à l'Université de Salamanque avec le conseil de « suivre l'opinion commune dans les lettres, *que siguiese la opinión commune et les lettres .* » Ce précepte n'était pas inutile à cette époque, car la Réforme avait déséquilibré les croyances des hommes et les avait laissés en proie à de nombreuses peurs. À l'intolérance des réformateurs répondit une nouvelle intolérance. En Espagne, on ne s'attendrait pas à une quelconque dissidence à l'égard de la religion acceptée. Cependant, même en Espagne, l'effervescence générale du reste de l'Europe avait trouvé un écho, l'esprit de doute et de recherche avait pénétré dans les universités espagnoles et les esprits s'ouvraient à de nouvelles lignes de pensée. Il existe en effet de vastes possibilités de réforme. La scolastique était devenue un système aride et guindé, bien placé pour ridiculiser tout savoir. Ses professeurs se plaisaient aux chicanes et aux chicanes. Luis de León parle avec un sarcasme cinglant du type de professeur qui disait qu'il était... "satisfait de la connaissance de saint Thomas et des saints... et ne souhaitait aucune nouvelle connaissance (novedades) " ; de ceux qui « se flattent et s'imaginent que, parce qu'ils ont dans leur chambre une vingtaine de livres couverts de poussière, et qu'ils ont obtenu le degré de maître des arts, ils ont bien mérité le nom d' hommes de lettres, et peuvent pour le reste s'adonnent en toute sécurité au sommeil et à la bonne vie... et ils considèrent que le simple fait d'avoir les livres et de s'y plonger une fois par an leur confère une connaissance de saint Thomas et des saints. Mais le nouvel esprit de recherche et de réforme a conduit ceux qui appartenaient à la vieille école à s'enfermer encore plus étroitement dans des croyances étroites et bigots, à s'accrocher aux conventions du dogme et à crier aux innovations les plus innocentes. Les violentes attaques contre la scolastique eurent pour effet de montrer sous un jour odieux les tentatives de réforme plus modérées. Les soupçons étaient partout répandus, et il ne fallait pas peu de précautions pour éviter l'accusation d'être anxieux pour les « choses nouvelles ». Les plus hauts ecclésiastiques n'étaient pas à l'abri des attaques. Carranza, archevêque de Tolède, avait passé un certain nombre d'années en Angleterre. En 1556, il avait visité Oxford et l'avait trouvé catholique, *la encontró católica*, mais l'année suivante, à Cambridge, il brûla de nombreux livres hérétiques et Bibles anglaises. À son retour en Espagne, on pensait qu'il avait été contaminé par le contact avec tant d'hérétiques, même s'il se vantait d'avoir fait plus que tout autre pour les découvrir.

II.— Université de Salamanque

Dans les universités, surtout, les accusations de toutes sortes portaient le feu sur des hommes marqués par leur position ou leurs capacités. L'Université de Salamanque a toujours été éminemment conservatrice. Les papes et les rois étaient soucieux de son bien-être. Philippe II. voyait dans l'Université un bastion de religion et de loyauté. Pedro Chacón raconte comment « en 1560, au retour de notre souverain Don Philippe en Espagne après une absence de plusieurs années passées à réduire et gouverner le royaume d'Angleterre, il confirma aussitôt tous les privilèges que l'Université avait reçus de son prédécesseurs." Il intervint personnellement dans les affaires générales et les disputes particulières de l'Université, et ne semble pas s'être donné trop de peine pour préserver l'ancienne pureté de ses opinions. Luis de León s'est profondément attaché à l'Université, « la lumière », comme il le disait, « non seulement de l'Espagne, mais de toute l'Europe », et à Salamanque en tant qu'étudiant et professeur, il a consacré toute sa vie. Il entra dans l'ordre des Augustins quelques mois après son arrivée à Salamanque et renonça ainsi à un revenu très considérable dont il aurait autrement hérité en tant que fils aîné de son père. Son succès fut rapide. Il obtint la chaire de philosophie, puis celle de théologie, et cette dernière chaire qu'il occupait encore lorsqu'il fut arrêté au début de 1572 et détenu pendant près de cinq ans dans la prison de l'Inquisition de Valladolid. Les accusations les plus graves portées contre lui étaient d'avoir traduit le Cantique de Salomon en langue vulgaire et d'avoir déprécié l'autorité de la Vulgate. Mais il s'agissait avant tout d'une question entre deux écoles de pensée à l'Université, entre les savants grecs et hébreux rivaux, entre les membres de l'ordre de Saint-Dominique et les membres de l'ordre de Saint-Augustin, et l'affaire ne relevait que de l'autorité de l'Inquisition à travers les dénonciations des ennemis de Luis de León, comme León de Castro. León de Castro était un professeur de la vieille école. Il était un excellent érudit en latin et en grec et possédait une grande énergie et une grande persévérance. Grâce à son savoir, et en partie grâce à sa force de caractère, il avait conquis une position de haute autorité à l'Université et il gardait son autorité avec un soin jaloux. Intolérant à l'égard de l'opposition, il cherchait à écraser tous ceux qui, par leurs talents ou leur popularité, pouvaient le jeter dans l'ombre. Il souhaitait régner en maître. Il était facilement poussé à un tel degré de colère qu'il perdait tout contrôle sur lui-même ; "Lorsqu'il est engagé dans une dispute", dit Luis de León, "il ne sait pas ce qu'il fait ou ce qu'il dit". Il était hâtif dans son jugement des hommes et de ses opinions, et comblait les lacunes de sa propre connaissance par une positivité farouche. On dit que s'il trouvait une opinion dans l'œuvre d'un saint ou d'un philosophe, il dirait aussitôt : « C'est l'opinion de tous les saints, de tous les philosophes ». Pour lui, la Vulgate était l'autorité définitive et irréfragable, et il s'opposait avec la plus grande vigueur aux érudits qui revenaient à l'original hébreu. Il appelait ces érudits hébreux « Juifs », un nom qui sentait le feu à cette époque. (Contre Luis de León, on l'accusa en réalité d'être juif et de descendance juive.) S'il était démontré que le texte hébreu différait de la Vulgate, Castro répondit que le texte hébreu avait été modifié par les « Juifs » depuis la la traduction avait été faite. Sa position était donc imprenable. Il n'écoutait aucun argument, mais criait à ses adversaires. Dans une époque étroite, il pourrait se persuader qu'en affirmant ainsi ses opinions, il rendait un bon service à l'Église. Son influence était sans aucun doute grande, et il ne fallait pas peu de courage pour s'opposer à lui. Luis de León, cependant, n'était pas homme à rester à plat ventre et à aimer Setebos. Il était d'un naturel franc et ouvert, même à l'imprudence et à l'indiscrétion, et dans son désir de réforme, il ne craignait pas de se faire des ennemis. Lorsqu'il obtint son diplôme, il attaqua certains abus dans un discours latin d'une violence cicéronienne, et à une autre occasion il reprocha publiquement aux Dominicains les hérésies de leur ordre, et l'attaque semble avoir fait mouche, car il dit lui-même qu'ils l'ont ressenti. vivement, " *sintieronse fièrement*. Surtout, il n'avait aucune sympathie pour le pédantisme et l'intolérance. Il était impossible que deux hommes aux caractères si différents n'entrent pas en collision, et en fait les discussions entre professeurs étaient souvent marquées par de violentes disputes et tout le venin de rancune et d'impolitesse qui s'insinue parfois curieusement dans la vie quotidienne des professeurs. appris. À une occasion, Luis de León a menacé de faire brûler le livre de Castro – un commentaire sur Isaïe – par l'Inquisition. Pour ce livre, Castro avait dépensé beaucoup de peine et beaucoup d'argent, et la menace l'a blessé au vif, de sorte qu'il a répondu qu'il ferait brûler Luis de León lui-même. Et de telles menaces n'étaient pas de vaines paroles, ni les querelles irréfléchies d'une heure d'inactivité. Son procès a amplement démontré que Luis de León avait de nombreux ennemis malveillants.

III.— DANS UN DONJON DE VALLADOLID.

L'ordre d'emprisonnement fut rendu le 26 février 1572. Ses biens devaient être confisqués, à l'exception d'un lit et de quarante ducats pour subvenir à sa nourriture en prison. Il devait être arrêté partout où il se trouvait, « dans une église, un monastère ou tout autre lieu sacré », et il ne devait apporter avec lui que des vêtements et du linge. Une clause curieuse ajoute que « les bêtes de somme pour le transporter, ainsi que son lit, etc., doivent être fournies au prix habituel, et le prix ne doit pas être augmenté ». Il fut ainsi arrêté et conduit à Valladolid. La description suivante de la prison est donnée dans le procès de Carranza, archevêque de Tolède, qui y avait été interné une dizaine d'années auparavant. « La prison se composait de deux pièces, une pour lui et une pour deux domestiques. Ils étaient si éloignés que l' archevêque n'entendit rien d'un incendie qui éclata le 21 septembre 1561 et qui, pendant un jour et demi, consuma plus de quatre cents maisons, dont certaines voisines de la prison secrète. La puanteur était si intolérable qu'ils étaient parfois obligés de mendier pour qu'on leur ouvre les portes, sinon ils seraient étouffés. L'infection des lieux rendit le maître et les domestiques gravement malades, et les médecins du Saint-Office rapportèrent qu'il était indispensable de baigner l'appartement d'air pur matin et soir. En conséquence, les inquisiteurs ordonnèrent qu'une grille soit faite dans la porte, dispositif que l' archevêque méprisé comme ajoutant l'insulte à l'injure. Les chambres n'étaient pas balayées... les volets des fenêtres restaient fermés et certains jours l' archevêque devait allumer une bougie à neuf heures du matin. La nourriture était apportée dans des assiettes cassées ; les draps servaient de nappe... » Dans une lettre écrite à Philippe II, après deux ans d'emprisonnement, l' archevêque dit : « Je crains et j'attends la mort chaque jour, et c'est dans ce but que mon traitement semble avoir été dirigé. depuis que je suis arrivé ici. La perte de soleil et de lumière, ainsi que la saleté et l'horreur réelles de l'endroit devaient être tout à fait répugnantes pour un homme du tempérament de Luis de León. Dans l'un de ses écrits, « La Perfecta Casada », il dit : « La propreté n'est-elle pas la source de la beauté, la première et la plus grande partie de celle-ci ? Il aimait le plein air et regrettait souvent la perte de liberté qu'entraînait même ses fonctions de professeur à Salamanque. Mais aux épreuves réelles et sévères à subir s'ajoutait, pour le fervent catholique, la torture plus subtile et plus indéfinie de l'esprit. Car il ne pouvait pas être certain que par quelque péché involontaire il n'avait pas encouru une dégradation dans cette vie et un châtiment incessant dans la suivante, et dans la solitude et l'obscurité de la prison, ces doutes revenaient souvent. Luis de León reconnaissait la pleine autorité de l'Inquisition et sa soumission sans réserve n'était ni forcée ni hypocrite, mais le fruit d'une conviction sincère. L'extrême clarté de son esprit était sa sauvegarde, et, bien qu'il se soumettait en toutes choses à la volonté de l'Église, il était bien assuré de sa propre innocence. Peu de temps après son arrestation, il rédigea une profession de foi, déclarant qu'il vivait et mourait « maintenant et dans l'avenir dans la foi et la croyance de la Sainte Église catholique, et confessant ses péchés *con entrañable dolor* ». Sa défense a été conduite de façon magistrale. Durant ces cinq années de souffrance , il a fait preuve d'une belle sincérité et d'une clarté d' argumentation qui rappellent très fortement Pascal. Jamais son style ne fut plus tranchant et plus lucide, son raisonnement plus subtil que dans les nombreux « Documents inédits » qui nous sont parvenus. En aucune occasion la patience et l'humilité de l'homme n'ont été plus clairement démontrées. Il est étrange de constater que beaucoup de ces documents, conformément au secret des procédures de l'Inquisition, ont été cachés à Luis de León lui-même, et qu'il n'a probablement jamais su, comme nous le savons, qu'il était sur le point d'être interrogé. sur le support. Malgré sa défense ingénieuse et élaborée, le procès de Luis de León fut long, et il faut frémir en pensant aux souffrances et au désespoir d'hommes au métal plus faible et à l'intelligence moins subtile, comme son ami intime Grajal, décédé en prison . . L'Inquisition s'est déroulée comme d'habitude, d'une manière extrêmement lente et minutieuse. « *Recato y secreto* », prudence et secret, étaient en effet ses mots d'ordre. Des témoins concernant le cas de Luis de León ont été interrogés dans de nombreuses régions d'Espagne et même à Cuzco, au Pérou. Il était facile de déclamer contre la cruauté et la tyrannie de l'Inquisition, mais à y regarder de plus près, il semblerait injuste de rejeter entièrement la faute sur elle. L'époque, comme nous l'avons noté, exigeait la plus grande vigilance de la part des défenseurs de la vraie foi catholique. Ils pourraient se tenir obligés d'enquêter avec une diligence infatigable sur les disputes les plus insignifiantes concernant la doctrine de l'Église. Des livres peu orthodoxes s'infiltraient déjà en Espagne. Une traduction des Psaumes avait été reçue à Cadix, et un homme seul, sorte d'emprunteur du XVIe siècle, avait apporté à Séville deux ballots de livres hérétiques. La vie du libraire était rendue inquiète et difficile par de telles démarches. Dans une lettre aux inquisiteurs de Valladolid, nous lisons : « Les libraires de cette ville (Salamanque) ont reçu et continuent de recevoir quotidiennement des balles de livres de France et d'ailleurs. Ils n'osent pas les ouvrir à la vente sans autorisation. Le mal doit être stoppé avant qu'il ne se propage à travers le pays. On peut affirmer de manière plausible que la fermeté de l'Inquisition a sauvé l'Espagne des dissensions religieuses qui sévissaient si férocement en France, en Allemagne et en Angleterre, et l'on ne peut pas non plus oublier que les siècles de puissance la plus rigoureuse de l'Inquisition ont été les siècles de la plus grande créativité littéraire de l'Espagne. gloire.

Peut-être que le mal de l'Inquisition ne résidait pas plutôt dans le fait qu'elle affectait la pensée et la recherche originales, mais dans le fait qu'elle créait dans la vie quotidienne un esprit intolérable de suspicion et de méfiance. C'est à l'animosité de leurs ennemis privés qu'est due l'emprisonnement de Mgr Carranza et de Luis de León, et il est difficile de croire à la sincérité des témoins qui, « sans être cités » et « pour décharger leur conscience ", ont déposé leurs accusations devant l'Inquisition. À l'Université de Salamanque, il y avait beaucoup de recherches et d'espionnage, favorisés par les rivalités et l'inimitié des professeurs. Les professeurs étaient élus par les votes des étudiants après un débat public entre les candidats sur un thème donné, et ce système entraînait naturellement de considérables rancoeurs et de nombreux abus. Lors des discussions à l'Université, il y avait toujours quelqu'un aux aguets pour tout sujet d'accusation spécieux. Ainsi, lorsque Luis de León affirmait que « le mariage n'était pas en soi un mal mais seulement un état moins béni que le célibat », León de Castro l'avait écrit pour le dénoncer à l'Inquisition, et de la même manière un autre professeur l'avait écrit. sorti en toute hâte au cours d'une discussion pour aller chercher de l'encre et de la plume. Un jour, alors que Zuñiga se trouvait dans la cellule de Luis de León à Salamanque, celui-ci mentionna un livre que son ami, le célèbre Arias Montano, lui avait envoyé. Zuñiga a alors affiché des soupçons à l'égard de Montano, ce que Luis de León n'aimait pas. Quelques jours après, pour reprendre les propres mots de Luis de León, « il me semblait encore méfiant et, sachant qu'il était d'un esprit morose et toujours enclin à voir les choses sous leur pire jour, je lui dis en riant : " Vous êtes en effet pessimiste ; il semble que vous ayez toujours une mauvaise opinion de Montano. Il a dit non; Je ne pense pas mal de cet homme, mais je ne suis pas sûr que ce ne soit pas mon devoir de dénoncer le livre. » Luis de León continue en disant que plus de deux ans après, il « eut lui aussi une crise de pessimisme et, compte tenu du nombre d'hérétiques qui avaient été découverts et étaient découverts quotidiennement en Espagne », il se décida à porter l'affaire devant l'Inquisition - une manière courante de prévenir une accusation. Encore une fois, Médine examinait avec le plus saint zèle (*con santísimo celo*) Les conférences de Luis de León et autres articles. Le résultat serait d'autant plus fécond qu'il n'omettrait pas les notes prises par les étudiants pendant les cours et que, comme Luis de León le savait bien, « les étudiants ignorants donnent souvent une interprétation tout à fait erronée de ce que dit le professeur ». Medina a en effet convoqué une réunion d'étudiants dans sa cellule et leur a demandé s'ils avaient entendu ou connaissaient des doctrines suspectes ou perverses de Luis de León. De telles méthodes doivent multiplier les moyens d'attaque et poursuivre l'expérimentation. À propos d'un témoin, Luis de León, pour sa défense , a déclaré : « Ce témoin est le licencié ès arts Rodríguez, surnommé 'Docteur Subtil' à l'Université. Je pense que c'est lui parce qu'il dit que je l'ai laissé sans réponse, et qu'il était la seule personne de cette université avec qui cela s'est produit. Car comme il était un homme au jugement erroné et posait parfois des questions impertinentes et, d'après ce qu'il entendait et ne comprenait pas les réponses absurdes rassemblées, je me suis mis en colère et je l'ai traité d'imbécile. Et d'autres fois, pour ne pas me mettre en colère et me mettre en colère à cause de lui, je ne lui répondais pas et je le fuyais. Et il est si stupide et importun que je me souviens avoir essayé de lui échapper aussi bien à l'intérieur que dans les écoles et dans les rues, il le suivait et posait des questions absurdes, je me dépêchais sans répondre, jusqu'à ce qu'enfin certains de mes compagnons ou d'autres étudiants me poussent. écartez-le et retenez-le de force. Un petit tableau de la vie académique qu'il serait difficile de surpasser en termes de vivacité. Luis de León, en effet, n'a pas été avare de critiques envers ses différents accusateurs. Leurs noms, conformément à l'usage de l'Inquisition, lui furent cachés, mais à la lecture des accusations anonymes, il renvoya chacune à son véritable auteur avec un jugement sans faille et put ainsi les réfuter d'une main sûre. À propos d'un des témoins appartenant à son propre ordre, il dit : « Il est connu parmi nous comme un homme qui ne dit jamais la vérité, sauf par accident. » D'un autre, il parle satiriquement comme « le plus spirituel », *espiritualísimo*, et dit que les mots « baisers », « embrassements », « yeux brillants » et d'autres mots dans l'interprétation espagnole du Cantique des Cantiques l'ont scandalisé ; c'est-à-dire que les mots qui ne l'avaient pas frappé lorsqu'il les lisait en latin le choquaient maintenant qu'ils étaient écrits dans le roman. Luis de León n'ignorait pas que la pire interprétation serait donnée à ses paroles ou à ses propos rapportés, et il fut lui-même amené par cette peur à exposer de nombreux détails insignifiants à l'Inquisition. Il a ainsi avoué que lors d'un cours « les étudiants les plus éloignés de moi m'ont demandé de parler plus fort, car j'étais enroué et ils ne m'entendaient pas bien, et j'ai dit : 'Je suis enroué et, vous savez, il vaut mieux parler bas que les messieurs de l'Inquisition pourraient ne pas entendre. " Il était plein de vie et d'humour , et de nombreux mots prononcés en plaisantant pouvaient être déformés par des malveillants en une implication non catholique. Il sentit en prison qu'il luttait les yeux bandés contre de nombreux ennemis et demanda plus d'une fois à être mis face à face avec ses accusateurs. « Et ainsi, dit-il, ils parlent de loin comme des hommes en sécurité et libres, tandis que moi, aveugle et en prison, je ne vois pas qui m'attaque. » De nombreuses accusations absurdes ont été portées contre lui. Selon un témoin, il « disait toujours la messe basse, même les jours de fête, et personne ne pouvait entendre ce qu'il disait alors qu'il marmonnait « tu , tu , tu », et terminait très rapidement ». Une autre accusation semble avoir été fondée sur une simple chicane entre les mots *vino* , « vin » et *vinó* , « venu ». Car lors d'un dîner, quelqu'un semble avoir demandé du vin et Fray Luis a dit qu'il était douteux qu'il soit venu ; mais, selon le témoin, tous ont compris que sa réponse faisait référence à la venue du Christ ! Un autre témoin dit qu'il était « un théologien très intelligent, mais un peu audacieux dans ses conférences » – accusation moins mesquine que la précédente, mais par son flou à peine moins ridicule. Dans le même esprit, Castro « avait entendu dire », « croyait avoir entendu » ; Medina « pensait voir chez Fray Luis une inclination pour les choses nouvelles ». De telles accusations émanant d'ennemis rendaient son innocence, comme il le disait, « plus claire que la lumière de midi ». Des points infimes ont été traités de manière minutieuse. Par exemple, la vente du livre de Castro sur Isaïe a été gâchée, dit-il, par les Juifs (Luis de León et ses amis) ; selon Luis de León, la véritable raison de son échec était sa taille et son coût. Quant à l'accusation d'être en fait d'origine juive, il semblerait que l'arrière-grand-mère de Fray Luis, ou plutôt la seconde épouse de son arrière-grand-père, soit d'origine juive.

La seule accusation sérieuse était, en effet, qu'il n'avait pas donné l'autorité voulue à la Vulgate. Il est probable que son attitude avait été inopportune à une époque où la Vulgate était attaquée de toutes parts par les hérétiques, et que les nombreux étudiants qui assistaient à ses cours étaient portés à exagérer sa doctrine.

Le procès s'éternise donc . Luis de León commença à perdre patience. « Si seulement », s'exclame-t-il, « le soleil était équitablement partagé entre moi et mes accusateurs » – une métaphore empruntée au duel . Il se plaint fréquemment de retards inutiles. Il écrit aux Inquisiteurs : « Vous retardez sans juste motif la conclusion de mon procès », « sans motif et dans le seul but de prolonger mon emprisonnement, et avec le désir de mettre un terme à ma vie, puisque vous me trouvez sans faute. » Il supplie qu'il n'y ait plus de retard « compte tenu du temps que je suis ici, et du peu de raisons qu'il y avait pour m'amener ici, et de l'inimitié et des calomnies notoires qui ont commencé et occasionné ce scandale ». Son emprisonnement, dit-il, est « un tourment long, dur et cruel ». Les communications en partie constantes entre Valladolid et Madrid ont entraîné des retards. Ainsi, une demande de Fray Luis, formulée le 20 août, n'a reçu de réponse du Tribunal Suprême de Madrid que le 20 septembre. En partie aussi, il faut admettre qu'après le scandale et l'excitation provoqués par son emprisonnement à Salamanque, où il avait de nombreux amis et disciples, il semblerait presque que les Inquisiteurs n'étaient pas disposés à le libérer en lui avouant que la matière avait été de la fumée sans feu ; et plus le procès se prolongeait, plus leur embarras deviendrait naturellement grand.

On lui a permis quelques livres et quelques autres articles. Ainsi il demande un crucifix, un chandelier de cuivre, un couteau, « pour couper ce que je mange », les ouvrages de saint Léon, une Bible hébraïque, un Sophocle en grec, un Pindare en grec et en latin, etc. Il se plaint de ce que il n'est pas correctement soigné, et «il m'est arrivé de m'évanouir de faim faute de n'avoir personne pour me donner à manger, et je prie qu'on me donne un moine de mon ordre pour me servir si vous ne souhaitez pas me permettre mourir seul entre quatre murs. Il n'était pas autorisé à utiliser les sacrements et, dans ses fréquentes maladies, cela constituait une torture constante. « Vous persistez, dit-il, à me garder en prison comme si j'étais un hérétique, privé de l'usage des sacrements, avec un danger manifeste pour ma vie et pour mon âme, sans que vous ne portiez contre moi une nouvelle accusation. » Il les supplie donc, en attendant le jugement, de « me permettre au moins une mort libre parmi mes moines ». Voyant que la conclusion de son affaire tardait de jour en jour, il implore, dans une autre pétition, d'être transporté dans un monastère de Valladolid afin d'y mourir en tant que chrétien. «C'est la seule chose que je sollicite ou désire, puisque la passion de mes ennemis et mes propres péchés m'ont ôté tout ce qu'on désire dans la vie.»

IV.— Ex Forti Dulcedo .

Le 28 septembre 1576, la sentence est enfin prononcée. La majorité des juges « sont d'avis que Fray Luis de León soit soumis à la torture quant à sa signification, et quant à ce qui a été constaté contre lui, et quant aux propositions qui ont été signalées comme hérétiques, malgré les le fait que les théologiens déclarent finalement s'en contenter et leur donner le sens que Fray Luis voulait qu'ils portent ; et que la torture qui lui sera appliquée soit modérée, vu que l'accusé est de santé délicate ; et que les résultats obtenus soient ensuite examinés plus en détail. Tel était le verdict de quatre des sept juges ; on n'a pris aucune décision ; les deux autres étaient d'avis que l'accusé devait être réprimandé devant le Tribunal du Saint-Office, et que dans la salle générale des grandes écoles de Salamanque, en présence des étudiants et d'autres personnes de l'Université, il déclarerait son les propositions sont suspectes et ambiguës ; qu'il lui serait interdit de donner des conférences dans les écoles ou ailleurs, et que sa traduction du Cantique de Salomon serait interdite et retirée de la circulation.

Le tribunal supérieur et plus impartial de Madrid a annulé la sentence et Luis de León n'a pas été interrogé sur le banc des accusés. Il ordonna (7 décembre 1576) que Fray Luis de León soit acquitté et sommé devant le Tribunal du Saint-Office de faire attention à l'avenir à la façon dont il traiterait des affaires aussi dangereuses que celles impliquées dans le procès. La sentence prononcée est la suivante : « Nous constatons, conformément aux décrets et sur le fond de ladite action, qu'il est de notre devoir d'absoudre et nous absous ledit Fray Luis de León du fardeau de ce procès. » Il a demandé et obtenu une déclaration selon laquelle il avait été acquitté sans pénitence ni souillure d'aucune sorte et qu'il était libre d'exercer toutes ses fonctions à l'Université.

La santé de Luis de León n'a jamais été aussi solide et les difficultés de son emprisonnement l'ont complètement brisée. S'il a survécu, c'est probablement grâce à son courage et à sa foi mystique. Dans une dédicace au cardinal Quiroga, il dit : « Lorsque j'étais jugé, à cause des intrigues de certains de mes ennemis, et que j'ai été qualifié de suspect dans la foi, et que j'ai été coupé non seulement de la conversation mais des relations sexuelles et à la vue des hommes, et j'ai été enterré dans une prison pendant cinq ans, au milieu de tout cela, j'ai ressenti une paix et une joie d'esprit qui me manquent souvent maintenant que je suis rétabli à la lumière du jour et auprès de mes amis.

Ces années passées en prison ne se sont pas passées dans l'oisiveté. Outre sa défense , il écrivit plusieurs de ses poèmes au cours de cette période et son long traité « Los Nombres de Cristo ». Beaucoup connaissent son court poème commençant par « Ici, le mensonge et le mal m'ont gardé emprisonné » et se terminant par le vers si souvent cité dans la littérature espagnole : « ni envidiado ni envidioso . Et nous pouvons nous référer à cette période de son emprisonnement des passages tels que « No pinta el prado ici la primavera"—

« Ici avec le printemps les prairies ne sont pas gaies
Ni les nuages dorés au soleil levant ;
Aucun rossignol ne déverse son chant plaintif :
Mais ici la nuit est sans sommeil, et le jour
est plein de larmes et de chagrins inconsolants ,
et le triste présent a un lendemain plus triste… »

Ou le beau poème commençant par « Virgen que el sol más pura »—

« Vierge plus pure que le soleil,
Gloire des mortels, de la lumière des cieux,
Dont la pitié n'est pas moindre que ta grande puissance,... »

Sans le loisir forcé de ces années , nous ne pouvons douter que ses « Nombres de Cristo » n'auraient jamais été écrits, et la prose espagnole aurait manqué d'un de ses joyaux les plus lumineux et les plus brillants.

La littérature espagnole lui doit une grande gratitude pour avoir écrit en espagnol, contrairement aux préjugés des savants, qui estimaient qu'un écrit pour être profond devait être obscur, et « s'émerveillaient qu'un théologien dont on attendait quelque grand traité plein de questions profondes » avait fini par écrire un livre de romance. Mais Luis de León a voulu, dit-il, ouvrir la « nouvelle voie » du bon style, qui consiste « à la fois dans ce qui est dit et dans la manière de le dire, et dans la tâche de choisir les meilleurs mots de ceux d'usage courant ». , et en considérant leur son, et même au moment de compter les lettres, et de les peser, de les mesurer et de les mélanger, que la matière soit présentée non seulement avec clarté mais avec douceur et harmonie.

Près de cinq ans après son arrestation, Luis de León retourna à Salamanque. Il revint pleinement justifié et l'Université l'accueillit avec joie. Au-dessus de l'Ordre des Augustins en particulier, son procès avait plané comme un nuage, et la condamnation d'un professeur si distingué a dû être ressentie comme une honte par toute l'Université. La légende est bien connue. Lorsque Luis de León reprit ses cours, toute l'Université se pressa pour l'entendre. L'Inquisition lui enjoignit de garder un silence complet sur ses délibérations, mais c'était l'occasion au moins de faire des allusions subtiles et indirectes et d'exciter la sympathie générale. Luis de León se leva dans la salle bondée et commença sa conférence par ces mots : « Messieurs, nous le disions hier », et il poursuivit ainsi son cours. Les cinq années qui ont suivi ont été effacées. L'histoire est si parfaitement conforme au caractère de cet homme, dont la simplicité et l'humilité sincère produisaient un effet inaccessible par les artifices les plus studieux, que nous maintiendrions volontiers sa vérité. Nous écarterions le fait prosaïque que Luis de León n'a pas repris ses cours, la chaire ayant été occupée en son absence, et qu'il y a consenti à son retour (*la daba por bien empleada*), et que, lorsqu'on lui assigna un autre cours, une longue dispute éclata à l'Université quant à l'heure à laquelle il devait les donner. Nous pouvons au moins dire que, si l'histoire n'est pas littérale dans les faits, elle est essentiellement vraie dans son esprit. L'espèce pittoresque de chaire d'où ces paroles étaient prononcées, et la salle de conférence avec ses bancs grossièrement taillés, sont encore conservées à l'Université de Salamanque, et les paroles sublimes : « *Decíamos ayer* », font partie du *répertoire* du cicerone du touriste.

Luis de León, après avoir recouvré sa liberté, pourrait s'exclamer, selon les mots des Persiles de Cervantes (Cervantes, qui se disait « un fervent et disciple respectueux » de Luis de León, *á quien ouais reverencio , adoro y sigo*) : « Je vous rends grâce, cieux immenses et miséricordieux, de m'avoir amené à mourir là où votre lumière peut contempler ma mort, et non dans l'ombre de la sombre prison que je quitte maintenant. » Il survécut quinze ans et mourut le 23 août 1591, neuf jours après avoir été promu Vicaire Général à Provincial de son Ordre. Sa bonne humeur et sa gaieté naturelle, son altruisme et son bon sens lui valurent de nombreuses et fortes amitiés ; on sent en effet que c'était un homme non sans défauts, mais tout à fait aimable. Il avait été chargé par l'Inquisiteur général de publier ses propres ouvrages, et chargé de la publication de ceux de Santa Teresa. Son deuxième procès contre l'Inquisition découlait apparemment d'une conférence sur la question controversée de la prédestination et du libre arbitre. On déclara que l'Université de Salamanque était très scandalisée de l'audace avec laquelle il soutenait que le contraire de sa propre opinion était une hérésie. L'affaire se

termina cependant par une « réprimande bienveillante et affectueuse » à
Tolède. Outre ces occupations et bien d'autres, il apporta une aide sans
réserve aux religieuses carmélites pour affirmer leur indépendance, menacée
par une réforme sanctionnée par Philippe II. Le pape, en effet, était favorable
aux religieuses, mais le roi s'est opposé au bref pontifical, et Luis de León
aurait déclaré : « Il est impossible d'exécuter un seul ordre de Sa Sainteté en
Espagne ». L'histoire selon laquelle Fray Luis mourut de chagrin à cause de
la colère du roi face à cette opposition est certainement fausse, même s'il est
assez probable que le roi était ennuyé. Il se serait exclamé : « Quien le mete á
Frai Luis en estas cosas ?— Qu'a à faire Fray Luis dans cette *galère* ? La vie de
Luis de León ne fut donc pas sans nombreux bouleversements . Mais nous
préférons peut-être penser à lui, comme dans la description de ses « Nombres
de Cristo », « au mois de juin, après la fête de Saint-Jean, lorsque le trimestre
de Salamanque se termine », se retirant d'une longue année de vie. travailler
à la maison de campagne que possède son monastère sur les rives du Tormes
. Là, dans le grand jardin d'arbres qui poussent sans ordre, avec un ruisseau «
qui coule et s'arrête comme pour rire », et avec la rivière sinueuse Tormes en
vue – « un endroit bien meilleur que la chaise du professeur » – il méditait
seul ou converser avec des amis « dans la fraîcheur du matin, par une journée
très calme et lumineuse » ; « car, dit-il ailleurs dans le même ouvrage, il se
peut que dans les villes il y ait plus de raffinement de discours, mais la finesse
de sentiment est de la campagne et de la solitude. »

XIX

LE ROMAN ESPAGNOL MODERNE

I.— RÉVEIL. FERNÁN CABALLERO

On aurait pu s'attendre à ce que le succès de « Don Quichotte » enflamme une foule d'imitateurs, mais le XVIIe siècle en Espagne fut plus consacré au drame qu'au roman, et le XVIIIe siècle « fut une époque de stérilité en Espagne, donc en ce qui concerne la romance. [99] Dans la première moitié du XIXe siècle, le roman espagnol était pour la plupart une pâle imitation de Sir Walter Scott, et ces romans quelque peu insipides, malgré la richesse des sujets offerts par l'histoire espagnole, n'étaient pas véritablement espagnols ; ils étaient dus à un goût importé par les exilés de retour et n'étaient pas une croissance naturelle du sol. Ainsi , la Condesa Pardo Bazán pourrait dire qu'en Espagne le roman n'a pas d'hier, seulement un *avant-hier* , avant-hier, et la parution de « La Gaviota » de Fernán Caballero a été saluée par un critique espagnol comme un lien entre Cervantes et le XIXe siècle. . Cela marque en effet le renouveau de la fiction réaliste en Espagne. Cecilia Böhl von Faber, fille d'un Allemand distingué établi en Espagne, est née en Suisse en 1796, mais passa presque toute sa vie en Espagne, et principalement à Séville. Elle a combiné la profondeur allemande avec l'esprit et la vision claire de l'Andalousie. Un critique madrilène avisé examinant « La Gaviota », le premier ouvrage publié de Fernán Caballero, alors inconnu – il avait d'abord été écrit en français, et maintenant paru en espagnol dans les pages de « El Heraldo » (1848-49) – a déclaré que il présentait un mélange des écoles allemande et andalouse, du crayon de Dürer et de la coloration de Murillo. Un personnage de « La Gaviota » observe : « Si j'étais reine d'Espagne, je commanderais qu'un roman de coutumes soit écrit dans chaque province. » C'est la *nouvelle de costumes* que Fernán Caballero a écrite avec un si brillant succès. Elle souhaitait, disait-elle, montrer l'Espagne telle qu'elle était réellement, et non telle qu'elle était communément peinte par les étrangers.

Cecilia Böhl von Faber a été mariée trois fois – à des Espagnols – et c'est en tant que Marquise de Arco Hermoso , vivant sur la propriété de son mari à Dos Hermanas, un petit village près de Séville, que lui est venue l'idée de collecter les coutumes en voie de disparition et traditions des paysans. Elle entra en contact fréquent avec eux en raison de son désir de connaître leurs besoins individuels et de savoir comment administrer au mieux sa charité. Les treize années depuis son second mariage en 1822 jusqu'à la mort du marquis de Arco Hermoso en 1835 se passèrent principalement à Séville, dans leur maison de la *Plaza de San Vicente* ou au quartier . L'histoire *de La Familia de Albareda* , dont la scène est Dos Hermanas, fut alors écrite, à partir d'événements qui se produisirent réellement dans ce village, bien qu'elle ne fut publiée que plus tard. C'est lorsque son troisième mari était absent en Australie qu'elle a pensé à publier ses histoires et a pris son *nom de plume* d'un petit village de La Mancha, appelé Fernán Caballero. La parution de « La Gaviota », qui est en effet l'un des meilleurs, sinon le meilleur, des romans de Fernán , a suscité beaucoup de surprise et d'enthousiasme, ainsi que de nombreuses suppositions quant à l'identité de l'auteur. C'était une œuvre si différente des contes romantiques et des imitations insipides alors en vogue ; cela montrait une inspiration si fraîche et spontanée. Il n'y avait ici aucun écho des romanciers plus anciens ; tout a été écrit à partir d'une observation personnelle approfondie, et le lecteur a pu, grâce à l'art de l'auteur, traduire en mots des scènes et des personnages qu'il avait connus et ressentis, mais qu'il avait été incapable d'exprimer.

Après la mort tragique de son troisième mari, en 1859, Fernán Caballero était fermement résolue à entrer dans un couvent, mais ses amis firent tout pour l'en dissuader et elle croyait, en outre, que les seuls livres qu'elle aurait le droit de lire seraient ceux de la dévotion. Finalement, elle abandonna cette idée et vécut pendant près de dix ans dans l'une des maisons du *Patio de las Banderas* de l' Alcazar de Séville , qui lui avait été concédée par la reine Isabel II. Il serait difficile d'imaginer un foyer plus agréable pour un écrivain. D'un côté, les beaux jardins de l' Alcazar , avec leurs myrtes, leurs palmiers et leurs orangers, leurs haies de buis taillées et leurs fontaines de marbre blanc ; de l'autre la *Plaza del Triunfo* , plantée d'orangers, d'acacias et de palmiers, et la Cathédrale et la magnifique Giralda . La Révolution de 1868 est venue détruire cette paix. L' Alcázar devint pour le moment la propriété de la nation et Fernán Caballero fut contraint de chercher une demeure ailleurs. Elle était, pour d'autres raisons, en tant que fervente catholique romaine et royaliste, profondément affligée par la Révolution et ses résultats sacrilèges à Séville. La mesquinerie de nombreuses mesures révolutionnaires a été démontrée par le fait qu'il était interdit aux veilleurs de nuit de Séville, les *serenos* , *d'utiliser la préface traditionnelle «Ave María* Purísima » pour annoncer les heures . Fernán Caballero a obtenu l'annulation de ce décret. Elle a vécu pour écouter avec des larmes de joie les cloches de la Giralda , qui sonnaient les nouvelles de la Restauration et du début du règne d'Alphonse XII. Elle vivait alors dans la rue courbe et silencieuse qui porte aujourd'hui son nom. Le n° 14 se distingue des autres maisons en ayant, outre le *patio* , un jardin avec un grand citronnier et d'autres arbustes. Ici, elle mourut au printemps 1877, dans sa quatre-vingt et unième année. La Reine est venue lui rendre visite ici et une plaque commémorative a été placée au-dessus de l'entrée de la maison par ses amis le duc et la duchesse de Montpensier .

La qualité qui donne une valeur impérissable à l'œuvre de Fernán est sa vérité : les scènes sont immédiatement ressenties comme réelles, les personnages sont vivants. Elle reproduit la gaieté vive et l'esprit malicieux du paysan *andalou* , la nature gaie et rieuse des Sévillans, avec leur sens aigu du faux et du ridicule. Elle décrit un *patio de Séville* (dans « Elia »), ou une corrida (dans « La Gaviota »), ou une maison de campagne, *une quinta* (dans « Clemencia »), ou un couvent désert (dans « La Gaviota ») avec une délicate minutie des détails qui les amène avec vivacité devant nous. En écrivant des événements simples et quotidiens, comme dans la préface elle caractérise ceux d'«Elia», elle les peint avec une clarté et une vigueur inégalées , et une grande partie du piquant et du charme, du *sal y pimienta* , du Sud est dans ses pages. Il y a dans ses œuvres des scènes qui, par leur sobriété et leur habileté psychologique, sont dignes de Stendhal. Ses personnages sont tirés du vivant avec l'analyse sûre et pénétrante du génie. Le meilleur exemple est peut-être le personnage de Marisalada dans « La Gaviota », mais les personnages les plus modestes, le général conservateur Santa María et le torero Pepe Vera, dans le même roman, la vive et charitable Asistenta dans « Elia » (ayant beaucoup en commun avec le personnage de Fernán), qui reste insensible à la découverte d'une épitaphe romaine dans l'une de ses fermes et refuse de croire qu'il existe une terre où les évêques se marient, Marcial et Jenaro dans " Lágrimas " - tout cela et bien d'autres d'autres sont esquissés avec une habileté magistrale. C'est lorsqu'ils traitent de scènes campagnardes et de la vie paysanne que les romans de Fernán Caballero sont à leur meilleur, comme la première moitié de « La Gaviota » dans le village de Villamar , ou une partie de « Clemencia » (1852) dans le village de Villamar. de Villa-María. Le personnage de Don Martín de Villa-María et la scène de son entretien avec l'importun Tía Latrana est tout à fait à la manière de Pereda. Il en va de même pour l'épouse du maire du village de « Lágrimas ». « Haber gastadu mis cuartus », s'exclame-t-elle – et l'utilisation du dialecte, si librement employé par Pereda, est perceptible – « fr facere de esse remplis- moi un hulgazán ! Non me lo dejú para esu mi tíu Bartulumé , c'est vrai . Les étrangers de Séville sont représentés avec moins de sympathie ; ainsi nous avons Sir John Burnwood , qui est venu à Séville pour gravir la Giralda et, trouvant cela impossible, propose d'acheter l' Alcazar , ou Sir George Percy, qui est reconnu pour avoir de nobles qualités, mais autorisé à montrer sans équivoque mauvais goût.

Fernán Caballero n'a pas peur d'interrompre son récit par des digressions, que leur but soit d'inculquer la vertu, d'exalter la religion catholique romaine ou de ridiculiser les importateurs de modes et de phrases étrangères en Espagne. Parfois, comme dans « Lágrimas », cela va à l'excès et gâche un peu l'effet de l'histoire, mais dans la plupart de ses œuvres, les digressions ne sont jamais tout à fait ennuyeuses ; le personnage original et fascinant qui a valu à Cecilia Böhl von Faber une foule d'amis n'est pas souvent ou pour longtemps absent des romans et *des relations* de Fernán Caballero. On a remarqué que « La Gaviota », bien qu'elle ne contienne presque aucune action, n'a pas trop de réplique. « Nous n'aspirons pas à causer efecto », dit la préface de « La Familia de Albareda », et c'est cette absence même d'action palpitante ou d'effet mélodramatique qui donne un charme si permanent aux œuvres de Fernán . Pour une juste appréciation de Séville et de l'Andalousie, ils sont inestimables : il n'y en a pas un dans lequel n'apparaisse aucun trait explicatif des caractères sévillans et *andalous* . Un écrivain espagnol récent nie à tort que Fernán Caballero montre quoi que ce soit des *sal andaluza* , et estime que son œuvre n'a pas laissé de trace profonde dans la littérature espagnole, mais doit plutôt être considérée comme une préparation aux envolées supérieures des romanciers qui ont suivi. Il est difficile de souscrire à ce point de vue. Fernán Caballero a non seulement hissé le drapeau du véritable réalisme espagnol et désigné une terre prometteuse, mais elle s'est également bâti un empire bien réel et durable dans cette terre qu'elle a redécouverte.

II.—1870-1900.

En 1864, Pereda publie son premier ouvrage, « Escenas montañesas », et dix ans plus tard, et trois avant la mort de Fernán Caballero, parurent le premier roman de Valera, « Pepita Jiménez », et « El Sombrero de tres » d'Alarcón . picos . » Depuis 1874, il ne se passe presque pas une année sans que ne soit produit un roman espagnol qui mérite un rang élevé dans la littérature. Pourtant, Pereda [100] ne s'est pas immédiatement imposé et, au début de 1874, Pérez Galdós a pu mettre les mots suivants dans la bouche d'un des personnages de *Napoléon : fr Chamartín* : « En matière de romans, nous sommes si égarés qu'après avoir produit la source de tous les romans du monde et le livre le plus divertissant jamais écrit par l'homme, l'Espagne est maintenant incapable de composer un roman qui vaut plus que un grain de moutarde, et traduit ces histoires sentimentales françaises.

De même, Señor Menéndez y Pelayo remarque que « vers 1870, date du premier livre de Pérez Galdós , le roman espagnol dormait dans les bras de productions insipides ou monstrueuses, *entre ñoñerías y monstruosidades* ». Il y a peu de fadeur ou de sentimentalisme dans le roman espagnol plus moderne. Le réalisme est la note dominante de la littérature espagnole. L'atmosphère même de l'Espagne permet une vision claire. Ses artistes sont réalistes, voire brutalement réalistes, comme Goya l'est parfois ; même ses mystiques ne sont pas entièrement isolés du monde : ils ne vivent pas dans un nuage, insensibles aux réalités réelles de la vie. Et de la même manière, les grands romanciers espagnols sont réalistes. Il y a cependant une véritable dignité castillane dans leur réalisme. Ils ne confondent pas, selon l'expression de George Meredith, les « bas-fonds boueux » avec les profondeurs de la nature. Ils peuvent traiter du vulgaire et de la bassesse, mais ils ne les traitent pas d'une manière vulgaire et basse. Ils sont peut-être aussi francs que Martial, mais leur réalisme est éminemment sain d'esprit et clair.

La mode moderne, fortement favorable au réalisme, devrait rendre justice aux mérites du roman espagnol. Elle est sans doute guidée par l'amour du contraste qui a amené Stendhal, romantique et passionné dans l'âme, à lire des pages du Code Civil avant d'écrire ses romans, et à adopter un style mathématiquement froid et maigre, et Flaubert, un poète, pour analyser un sujet aussi vulgaire que celui de *Madame Bovary* . Une époque plus simple peut se réjouir des œuvres d'une imagination fantastique, mais une époque plus complexe et peut-être hypocrite doit avoir la vérité et se débarrasser du vague et de la prétention .

Des esprits si compliqués et si variés qu'ils sont rarement eux-mêmes, admirent le simple et le concret, et le génie espagnol, essentiellement objectif, répond à ce goût tant dans sa littérature que dans son art. Il est pourtant caractéristique que dans de nombreux romans espagnols, réalisme et mysticisme vont de pair. Ce mysticisme typiquement espagnol qui montre son côté faux dans « La Regenta » de Clarín , son esprit pratique dans « Marta y María » de Palacio Valdés, sa tristesse dans « La Voluntad » d'Azorín , n'est traité avec plus de sympathie par aucun écrivain que Juan Valera, dans « Pepita Jiménez » et d'autres romans. Valera était une trop grande artiste pour appartenir à une école. Il répète dans de nombreuses préfaces que son but n'est pas d'instruire ou d'édifier, mais plutôt de faire plaisir. La vieille hérésie selon laquelle les œuvres d'art devraient édifier a eu une grande influence en Espagne et elle se fait sentir dans les romans modernes à but précis, *les romans à thèse* . Il jette son ombre sur l'œuvre de Fernán Caballero et Pereda et, passant à l'ennemi, réapparaît par intervalles chez Pérez Galdós et Blasco Ibáñez. Mais Valera ne voulait rien de tout cela. Un roman, disait-il, « doit être de la poésie, non de l'histoire, c'est-à-dire qu'il doit peindre les choses non pas telles qu'elles sont mais plus belles qu'elles ne sont, en les éclairant d'une lumière qui puisse leur jeter un certain charme ». La magie de son style, qu'il captait de son propre aveu auprès des grands mystiques espagnols des XVIe et XVIIe siècles, lui fournissait ce charme et suffit à rendre son œuvre impérissable. C'est un charme exquis qui échappe à l'analyse, qui rappelle cet éclat métallique des anciens *azulejos espagnols* , ou carreaux vernissés, dont les fabricants modernes cherchent en vain à retrouver le secret. Valera n'était pas, au sens strict, une grande romancière. La construction de ses histoires est souvent faible et les personnages parlent tous la langue de Don Juan Valera. « À Valera, a-t-on dit, il n'y a pas de Sanchos, tous sont des Valeras ». Il était lui-même conscient de ces limites. Il disait parfois dans une préface qu'il n'était pas certain si son livre était ou non un roman, et quant au discours toujours poli de ses personnages, la conversation de l'infirmière Antoñona avec Luis de Vargas, dans « Pepita

Jiménez », Cela s'explique par le fait qu'elle avait prié pour qu'il lui soit donné de parler à cette occasion, non pas dans un langage grotesque, comme c'était son habitude, mais dans un style élégant et cultivé. De même, Juana la Larga dit à sa discrète fille Juanita : « Tout ce que tu as dit semble être tiré des livres que Don Pascual te donne à lire ».

Mais Valera savait habilement délimiter les personnages . Dans son plus long roman, « Les illusions du docteur Faustino », le héros, le seigneur Don Faustino López y Mendoza, est en quelque sorte une figure typique de l'Espagne moderne. Vivant dans sa maison ancestrale à moitié en ruine dans le village de Villabermeja , il se sent capable de grandes actions, mais n'obtient rien. Il se plaint de ne pas être de naissance modeste pour devenir brigand comme le grand José María, il se plaint de ne pas être né au XIe ou au XIIe siècle pour se tailler un royaume avec son épée, et il finit par obtenir un modeste poste à Madrid. , ce qui lui rapporte un peu plus de 100 £ par an. Les créations de Valera n'ont semblé irréelles que parce que, par l'alchimie de son style, il est un roi Midas, transformant tout en or, et que l'excellence de son art élève ses figures au niveau de statues en marbre de Paros. Ils ne sont donc pas moins réalistes ; parce qu'il a un « ajustement exquis de la parole à la pensée », [101] il ne s'ensuit pas qu'il soit « sans vie et sans passion » [102] — plutôt la passion est portée à une chaleur blanche, les flammes n'étant plus visibles. Et dans ses descriptions , il est un vrai réaliste, nous donnant la lumière et le rire de l'Andalousie. Sa « Juanita la Larga » est une charmante esquisse de la vie dans un village andalou qui rappelle peut-être « El Sombrero de tres » d'Alarcón. picos . » Certaines des scènes les plus hilarantes de « El Sombrero de tres picos » passent dans la petite cour pavée devant un moulin à farine, à un quart de lieue d'une certaine ville cathédrale d'Andalousie. La cour est ombragée par un immense treillage de vigne, suffisamment épais et solide pour que le meunier puisse dormir ou faire semblant de dormir inaperçu parmi ses feuilles. Il s'agit d'une brève et délicieuse esquisse, colorée et malicieuse, de la vie andalouse des premières années du XIXe siècle. À l'Andalousie appartiennent également deux romans de Palacio Valdés, « La Hermana San Sulpicio » et « Los Majos de Cádiz ». Mais c'est l'Andalousie décrite non pas par un indigène mais par un étranger, car le Palacio Valdés est du Nord. Il a un sens de l'humour plutôt anglais qu'espagnol, et il est en effet presque aussi connu hors d'Espagne que dans la péninsule. C'est un humour moins amer et agressif que celui d'un autre Asturien, Leopoldo Alas, avec qui Valdés a collaboré dans un volume d'essais critiques. En tant que dessinateur de caractère, Valdés est admirable. Gloria, la jeune fille typiquement andalouse, et le Gallegan Sanjurjo sont tous deux parfaitement dessinés dans « La Hermana San Sulpicio ». La scène de son « Marta y María » se déroule dans une vieille ville des Asturies — l'auteur est maintenant dans son pays natal — entourée d'une vaste étendue de prairies et de collines en pente douce jusqu'à la *ría* , bordée d'immenses pinèdes et de la mer. . C'est un roman encore plus délicieux que "La Hermana San Sulpicio ". Le théâtre de « La Aldea perdida » est aussi Astúrias . Il s'agit d'une symphonie pastorale, pendant asturien du "El Sabor de la Tierruca " de Pereda, une charmante histoire - malgré sa fin théâtrale - de rivalités et de réconciliations villageoises dans une terre boisée de châtaigniers, de chênes et de pommes à cidre, une terre de maïs et de champs verts frais de lotier, et des sentiers de montagne bordés de chèvrefeuille. Mais dans d'autres œuvres, Palacio Veldés n'a pas conservé cette inspiration espagnole. Dans « La Espuma », « Maximina », « La Fe », l'influence est celle de l'école naturaliste française. *Clarín* (Leopoldo Alas), bien que né à Zamora et également asturien, a également été profondément influencé par la France dans sa longue œuvre « La Regenta ». Dans l'un de ses essais critiques, *Clarín* écrivait que « le réalisme espagnol est très espagnol ; c'est dans la course. Mais il a ses défauts, *rien à faire fr él es fleurs* ; il manque de psychologie et de poésie de la passion. Dans « La Regenta », nous avons de la passion, de l'analyse psychologique et de l'esprit épigrammatique. La scène est la vieille ville cathédrale de Vetusta (ou plutôt Oviedo). Le traitement n'est pas typiquement espagnol. Vetusta est ici une ville de province typique, telle que Flaubert aurait pu la décrire et la détester, et ses habitants sont presque tous représentés comme ignorants, vulgaires ou vicieux. Leur stupidité et leur vulgarité sont fouettées avec une subtilité ingénieuse qui ne ménage aucun ménage, et les motivations qui guident leurs actions sont mises à nu avec une habileté étonnante. *Clarin's* l'humour est souvent un peu cruel et le roman est rempli de phrases laconiques et mordantes. Un des lecteurs du Vetusta *casino* — le plus digne d'entre eux, prend soin de nous assurer *Clarín* — est ainsi mis au pilori en quelques lignes : « Il arrivait chaque soir à neuf heures sans faute , prenait *Le Figaro* et *le Times* , qu'il plaçait au-dessus *du Figaro* , mettait sur ses lunettes d'or, et, bercé par le bruit du gaz, s'endormit doucement sur le premier journal du monde, privilège que personne ne cherchait à contester. Peu de temps après sa mort par apoplexie, dans *le Times* , on a découvert qu'il ne connaissait pas l'anglais.

La figure la plus marquante parmi les romanciers espagnols vivants est sans aucun doute Don Benito Pérez Galdós . Dans ses « Épisodes Nacionales », l'histoire troublée de l'Espagne au XIXe siècle, des guerres contre Napoléon à la mort de Prim, se déroule devant nous dans une comédie humaine espagnole. Nous voyons la noble mort de Churruca dans la bataille de Trafalgar, nous assistons à la brève et fébrile défense de Madrid devant Napoléon, aux sièges héroïques de Saragosse et de Gérone, à la résistance obstinée de Bilbao aux troupes de Zumalacárregui dans la première guerre carliste ; plus tard, nous voyons Isabel II. franchissement silencieux de la frontière française à Irun, effet de l'éloquence de Castelar dans les Cortès, Prim débarquant à Cadix, tout cela et une centaine d'autres acteurs et événements principaux sont rassemblés dans une succession de romans qui comptent aujourd'hui plus de quarante. Pérez Galdós continue d'écrire avec une vigueur intacte . Le quarante-deuxième épisode, « España Trágica » (1909), représente l'opinion madrilène dans la rue et dans *un café* en 1870, lorsque l'Espagne était « en forte fièvre » et choisissait un roi. Le livre se termine par un récit saisissant de l'assassinat de Prim. Sa tâche longue et difficile fut couronnée de succès, mais sa présence était plus que jamais nécessaire pour endiguer l'hostilité des fédéralistes d'un côté, de l'aristocratie de l'autre. Nous étions le 27 décembre 1870 et le lendemain il devait se rendre à Carthagène pour recevoir le duc d' Aoste . Il venait de quitter le Congreso . La nuit était glaciale et la voiture roulait silencieusement dans la neige dans des rues presque désertes. On a remarqué qu'un homme puis un deuxième s'arrêtaient dans la rue pour allumer un cigare. C'était apparemment un signal. Un peu plus loin, dans la *Calle del Turco* , une voiture bloqua le passage, et presque aussitôt les vitres de la voiture de Prim s'effondrèrent des deux côtés et celui-ci tomba en arrière, blessé par plus d'une balle. Le quarante-troisième épisode, « Amadeo I ». (1910), décrit le règne du prince italien qui commença ainsi tragiquement avec l'assassinat de Prim, se poursuivit pendant deux ans dans une tragi-comédie et se termina par le retrait digne du « rey caballero » loyal et désintéressé, qui avait été volontairement et constamment incompris et méprisé par les sujets qui l'avaient invité à régner sur eux. Avec la reine et leurs trois enfants, dont l'enfant duc des Abruzzes, il descendit pour la dernière fois les marches du *Palacio del Oriente « entre* alabarderos rigides , sans musique ni les voix que tubaran el funèbre silence . Solo la rumeur de las pisadas marcaba le lever du soleil pour un voyageur época » (février 1873). Avec ceci et un volume sur la première République espagnole, [103] la cinquième et dernière série des Épisodes marche rapidement vers son achèvement. Depuis quarante ans, des romans et des pièces de théâtre de la plume de Pérez Galdós paraissent au rythme de deux ou plus par an, et certains de ces romans sont d'une longueur considérable : « Fortunata y Jacinta » compte environ deux mille pages. Les personnages bien dessinés et les scènes savamment reconstituées abondent, mais une lassitude gagne parfois le lecteur. Car ces romans ne semblent guère avoir de fin ni de début ; il n'y a pas d'intrigue ni de concentration d'intérêt. C'est peut-être précisément pour cette raison qu'ils constituent une représentation extrêmement fidèle de la vie. Personne ne contestera le grand talent d'écrivain de Pérez Galdós , mais ses admirateurs regretteront peut-être qu'il ne s'arrête pas pour dessiner des tableaux plus complets avec un art fini. Dans son roman anticlérical « Doña Perfecta », Don Inocencio représente l'influence du prêtre dans la famille. Doña Perfecta, de mèche avec le prêtre, place secrètement toute la force de sa richesse et de son pouvoir dans l'histoire médiévale . Orbajosa dans la balance contre son neveu, Pepe, qui souhaite épouser son unique enfant, Rosario. Pepe est considéré chez Orbajosa comme un athée et *hors la loi* , bien qu'il ne soit qu'un homme de science moderne. Il n'y a pas d'opposition reconnue : Doña Perfecta l'accueille invariablement avec un sourire agréable ; mais ses lettres sont ouvertes et confisquées, il trouve un esprit d'hostilité constante mais voilée dans la maison de Doña Perfecta et chez Orbajosa , il est assuré que Rosario ne l'aime pas, et il ne peut pas convaincre ou vaincre des ennemis insidieux qui ne se manifestent jamais. Finalement, Doña Perfecta devient la meurtrière de son neveu, mais de telle manière que sa conscience est totalement libérée de tout sentiment de culpabilité. La fin justifie les moyens. Le personnage de Doña Perfecta est développé avec une habileté consommée ; Treize ans plus tard, Palacio Valdés dessina une esquisse plus légère dans le même sens : Doña Tula, la mère de Gloria (dans « La Hermana San Sulpicio », 1889). Il y a sans doute des villes en Espagne, comme Orbajosa , où l'esprit de l'Église est sectaire et jésuitique, opposé à tout progrès ; ou comme Nieva , dans « Marta y María », où les gens considèrent María comme une sainte qui peut faire des miracles et lui amener des enfants pour les guérir du regard, et son confesseur encourage cette croyance ; ou comme Vetusta , dans « La Regenta », où Don Fermín combine une position élevée dans le Chapitre de la Cathédrale avec un trafic constant de meubles et d'ornements d'Église. On peut cependant parfois se demander si les anticléricaux ne sont pas trop enclins à attribuer tous les maux de l'Espagne à l'influence des prêtres. " Valgame Dios y qué vie non hemos de dar , Sancho amigo », semblent-ils dire, comme si la dissolution des ordres religieux et la séparation de l'Église et de l'État allaient à la fois entraîner la prospérité en Espagne. Les communautés religieuses sont nombreuses et riches ; les mendiants, comme à Orbajosa , sont également nombreux (et parfois riches), mais il serait injuste de rejeter entièrement la responsabilité de la pauvreté et du retard sur l'Église. Il y a bien d'autres causes, parmi lesquelles la vie dissipée et insouciante de la société dans les grandes villes, décrite par le père Luis Coloma dans son roman « Pequeñeces » et par Pérez Galdós lui-même dans « El Caballero Encantado ».

III.— AU XXE SIÈCLE.

Le roman continue de tenir le haut du pavé dans la littérature espagnole. Les premières années du XXe siècle ont vu la mort de deux splendides écrivains, Valera (1824-1905) et Pereda (1833-1906), et Leopoldo Alas est décédé en 1901. Parmi les romanciers les plus anciens, Pérez Galdós , la Condesa Pardo Bazán , [104] Palacio Valdés et Jacinto Octavio Picón [105] restent toujours, et un groupe brillant de jeunes écrivains est prêt à passer le flambeau intact. « El Caballero Encantado » de Pérez Galdós est daté de juillet-décembre 1909. Écrivant immédiatement après les émeutes de Barcelone, il était naturel que la condition et l'avenir de l'Espagne soient dans ses pensées, et une figure allégorique représentant l'Espagne ou l'esprit de l'Espagne la race joue un rôle important dans le livre. Le roman a en effet un peu trop de merveilleux et de symbolique, et lorsque le héros par une dernière transformation devient un poisson dans le Tage, nous nous souvenons inconfortablement de la suite fallacieuse et fantastique de *Lazarillo de Tormes* , dans lequel Lázaro se transforme en thon. La raison donnée par le seigneur Pérez Galdós est cependant excellente : « Dans cette triste demeure (les profondeurs silencieuses du Tage) viennent ceux qui, par leur bavardage, ont noyé la volonté et la pensée de la vie espagnole dans un océan de mots. Presque tous ceux qui sont ici présents sont des orateurs. Ils parlaient beaucoup et ne faisaient rien. Certains d'entre eux sont des maîtres en phrases retentissantes, des prestidigitateurs qui, par la magie de leur art et la vanité de leur rhétorique, ont transformé la tour de l'éloquence en tour de Babel. Le thème du livre est que Don Carlos de Tarsis , le jeune marquis de Mudarra , député d'un district dont il n'a qu'une vague idée de l'existence géographique, qui vit à Madrid et dépense à deux mains l'argent retiré de son ses domaines, se transforme comme par magie en ouvrier agricole sur sa terre, ou plutôt sur la terre qui était la sienne, et appartient désormais en partie à son agent, en partie à son usurier. Car pour subvenir aux dépenses de sa vie oisive et dissipée, il lui faut de l'argent à tout prix ; mais quand les loyers de ses fermiers augmentent , ils émigrent, et son agent, qui attribue le retard de l'agriculture en Espagne au fait que « les grands propriétaires fonciers vivent loin de leurs domaines comme s'ils en avaient honte », lui fournit avec des sommes toujours décroissantes, jusqu'à ce qu'il soit réduit à la misère et aux usuriers. Tarsis reconnaît qu'il est un acolyte des plus indignes de l'oisiveté et que son seul mérite est « la sincérité brutale de son pessimisme », mais il « préfère mourir que travailler ». Jusqu'à présent , le personnage est tiré de la vie, et ce n'est que dans le flou des enchantements ultérieurs que l'effet du roman devient voilé et incertain. D' ouvrier agricole, il devient successivement berger, carrier, vagabond et criminel - le tout avec beaucoup de magie inutile - jusqu'à ce que, par l'épreuve finale du silence dans le Tage doré, il retrouve son être originel de Marqués de Mudarra, un châtié . et un marquis plus sage. L'accent est mis sur la situation misérable des pauvres, comparée à l'immunité des riches. Des hommes affamés sont emmenés en prison pour avoir arraché des oignons dans la propriété d'un homme riche, et abattus par la Guardia Civil alors qu'ils tentaient de s'échapper - le rapport officiel dit : « les prisonniers ont tenté de s'échapper et ont été rattrapés par un accident dont une mort naturelle s'en est suivie. Il y a peut-être plus de réalité dans le récit des riches *caciques* , propriétaires de vastes domaines ou *latifundios* , qui ne paient au Trésor qu'un dixième de l'impôt foncier, qui falsifient les résultats des élections, protègent les criminels et attaquent. honnêtes gens, tandis que les juges sont leurs créatures. Ce *Caciquismo* fait partie de la déplorable administration de l'Espagne. Le sénateur Pérez Galdós , qui, en tant que canarien, a le double avantage de regarder l'Espagne comme de l'intérieur et de l'extérieur, revient sur la question des paroles et des actes, de la richesse des paroles et du manque d'action, avec une insistance qui doit être excessivement ennuyeuse pour un lecteur espagnol. Mais il ne désespère pas de l'avenir de l'Espagne. Il voit de l'espoir dans la vitalité prouvée de la race, dans ses prompts rétablissements après un malheur, dans son héroïsme même dans les souffrances qu'il s'est infligées : « Les folies ineffables de mes fils m'ont plongé (c'est-à- *dire* l'Espagne) dans le désespoir et dans les ténèbres du désespoir. ma mort m'a semblé certaine et inévitable. Et puis, dans une crise terrible qui semblait assurer ma destruction, j'ai ressuscité alors qu'on me transportait du lit de mort à la tombe.

La meilleure œuvre de Pereda était de La Montagne, Valera et Fernán Caballero écrivent sur l'Andalousie, le Palais Valdés des Asturies , et de même les Gallegans , Valle- Inclán et la Señora Pardo Bazán ont trouvé leur meilleure inspiration en Galice, et Vicente Blasco Ibáñez dans sa ville natale. Valence. Valence est une terre fertile de chaleur intense et de lumière éblouissante, lumière si merveilleusement reflétée dans l'œuvre du peintre valencien Joaquín Sorolla . Blasco Ibánez a écrit des romans saisissants qui n'ont aucun lien avec Valence, mais son œuvre la meilleure et la plus délicieuse est imprégnée de la vie de l'immense plaine valencienne (dans « La Barraca », une histoire intense de boycott de la Huerta) ; de la ville de Valence (dans « Arroz y Tartana »); des marais rizicoles et fébriles de l' Albufera , célèbres pour la pêche et la chasse, près de Valence (« Cañas y Barro ») ; des pêcheurs et des contrebandiers du Grao et de la côte valencienne (« Flor de Mayo ») ; d'amour parmi les oranges du verger d'Espagne (« Entre Naranjos »). Blasco Ibáñez excelle dans la représentation de la vie, des pensées et des luttes du simple pêcheur et du paysan – travailleur comme Batiste, ou magnifiquement oisif comme Pimentó ; et en décrivant les coutumes et les traditions populaires, — une simple procession en temps d'inondation (comme dans « Entre Naranjos ») ou les danses et *festeigs* , parades nuptiales , des *atlóts* et *atlotas* d'Ibiza (dans « Los Muertos mandan »). Le héros de « Los Muertos mandan » (1909), Don Jaime ou Chaume , n'est pas un paysan, mais un membre d'une ancienne famille de nobles majorquins , enfermés dans la tradition et les instincts hérités. Cependant, l'arrière-plan des descriptions de Majorque et de la vie paysanne anarchique d'Ibiza, avec ses bois, ses vergers et ses fermes blanches entourées d'une mer verte et transparente, contribue plus puissamment au charme du livre que la lutte de Don Jaime contre l'influence tenace. des innombrables morts, qui prévalent encore. Mais en effet, la présentation par Blasco Ibáñez de toute lutte acharnée pour la vie est forte et imposante. Cela reflète sa propre personnalité. Son credo est celui d'un effort incessant et d'un mécontentement face à l'apathie trop fréquente en Espagne. Son activité est immense : bien qu'il ait à peine plus de quarante ans, ses romans sont déjà nombreux, des nouvelles et des articles sortent continuellement de sa plume, il donne des conférences, voyage, traduit, publie, dirige un journal valencien, El Pueblo , et jusqu'à l'automne 1908, il représenta Valence au Parlement comme républicain ; maintenant, ses énergies sont occupées à fonder deux villes – qui s'appelleront Nouvelle Valence et Cervantes – pour les colonies de Valenciens en Argentine.

Blasco Ibáñez a écrit un long roman sur la Révolution française, « Viva la República ! » et dans ses idées et dans son art l'influence de la France a été sans doute très forte. Ses idées empiètent parfois sur son art, comme dans « La Catedral », où, en la personne de Gabriel Luna, il déclame avec ennui et sans pitié. Ses romans présentent en général une admirable unité. Dans chacun de ses héros, nous voyons Blasco Ibáñez : mais Blasco Ibáñez entièrement identifié au paysan Batiste (dans « La Barraca »), ou au peintre Renovales (dans « La Maja Desnuda »), ou à la Luna socialiste (dans « La Catedral »).), ou le torero Gallardo (dans « Sangre y Arena »). Ses manières captent l'atmosphère et la couleur de l'environnement qu'il décrit. Il devient vulgaire dans les descriptions de Valence commerçante et bondée, ennuyeux dans les détails des fêtes de ses *bourgeois* et des divers aliments de son marché (dans « Arroz y Tartana ») ; il peut être magnifiquement simple, avec une âme de paysan ou de pêcheur (dans « La Barraca » et « Flor de Mayo »), et la fertile Huerta laisse libre cours à son art luxuriant, à son débordement de poésie et d'imagination. Ce pouvoir de concentration, que Blasco Ibáñez possède à un si haut degré, est rare dans la littérature espagnole. Les héros des romans de Blasco Ibáñez sont des hommes forts au travail , persistants avant la défaite. Ils sont presque toujours vaincus et meurent, Gallardo dans l'arène, Luna assassinée dans la cathédrale de Tolède, les Pascuals , pêcheurs de trois générations, noyés dans les tempêtes au large des côtes valenciennes. Mais la note dominante de ses romans reste « E pur si muove », et en esprit ses héros sont aussi invincibles que Don Quichotte. Il a le pouvoir de Zola de décrire les foules ; dans « La Horda » apparaît la multitude de colporteurs et de vendeurs ambulants qui hantent le *Rastro de Madrid* ; et de même, l'arrière-plan de « Luna Benamor » (1909) est formé par une description vivante de Gibraltar, avec sa foule hétéroclite d'Espagnols, de Juifs, de Maures et d'Anglais. Sa prose convient à ces descriptions ; il est vivant, coloré , tumultueux, parfois précipité et insouciant — un critique espagnol parle de sa *barbarisme gramaticales* . De la part d'un écrivain aussi volumineux et passionné, on ne devrait rien attendre du poli ou de l'exquis, son œuvre est à l'état brut ; en un sens, son ardeur incorrecte est espagnole, mais son énergie persistante est une note rafraîchissante en Espagne, et peut très bien couvrir ici et là une faute de goût occasionnelle ou une phrase agrammaticale. Ses œuvres sont presque toujours frappantes et originales, aussi précipitées qu'aient pu être leurs compositions.

On a remarqué que les jeunes romanciers espagnols sont plutôt des penseurs que des artistes, et Pío Baroja , Martínez Ruiz (*Azorín*) et Valle-Inclán ont introduit une note presque étrangère dans la littérature espagnole. Il est significatif que deux au moins de ces écrivains, *Azorín* et Pío Baroja , sont de fervents admirateurs de l'art essentiellement intellectuel du Greco : Theotocopuli a jeté sur eux le charme de ses figures ascétiques et minces et de ses teintes froides et atténuées. Pio Baroja est presque russe dans ses descriptions impitoyablement précises, dans sa rébellion contre les faits de la vie et sa défense des persécutés – des parias, des criminels et des vagabonds. Dans « La Ciudad de la Niebla » (1909), « La ville du brouillard », il apporte sa vision claire, presque photographique, sur Londres, et principalement sur les quartiers les plus sombres, Bloomsbury, Covent Garden, le labyrinthe sordide des rues. près de Shaftesbury Avenue, des Docks, du Embankment. De même, dans « César ó Nada » (1910), il continue d'écrire dans un esprit de moquerie et d'individualisme imprudent. Le récit n'est qu'un mince fil pour enchaîner ses observations des hommes et des lieux. [106] *Azorín* , encore une fois, ne se soucie pas de la forme de ses romans. C'est un penseur, un analyste psychologique, qui néglige délibérément la construction. Yuste , dans « La Voluntad », exprime les opinions de l'auteur ; « En particulier, dit-il, le roman ne doit avoir aucune intrigue ; la vie elle-même n'a pas d'intrigue : elle est variée, aux multiples facettes, flottante, contradictoire – tout sauf symétrique, géométrique, rigide, comme elle apparaît dans les romans. Le roman doit donner des fragments, des sensations séparées. Dans "Las Confesiones d'un petit filósofo » *Azorín* nous livre ses impressions originales, ses sensations fragmentaires de « figures et choses qui passaient » dans un style plein de poésie et de charme. Son « La Voluntad » est un livre très moderne dans sa pensée agitée et sa philosophie individualiste. Il a cette originalité dont parle Yuste , le philosophe du livre, comme consistant en « quelque chose d'indéfinissable, une fascination secrète de la pensée, une suggestivité mystérieuse des idées ». Le charme rare du style *d'Azorín* et son habileté dans les descriptions, *l'émotion du paysage* , *l'imagination locorum* , revêtent de sérénité ses « interrogations obstinées sur les sens et les choses extérieures », et de paix son esprit purement intellectuel et son inquiétante ironie. Chez Ramón del Valle- Inclán , encore une fois, la construction et le terrain sont secondaires. L'action est légèrement esquissée dans ses romans, mais les incidents et les personnages sont mis en relief par le caractère délicat et original de son style. C'est un style fait de tout ce qui est rare et exquis, avec une sobriété qui ciselure un tableau fini en une seule phrase. Dans « El Resplandor de la Hoguera », par exemple, un chemin vert menant d'un petit village basque à son cimetière est simplement décrit comme « todo fr paz de oratión », et ces images de mots solitaires abondent dans ses écrits. Sa dernière œuvre, une trilogie, est « La Guerra Carlista », et l'action de la première partie, « Los Cruzados de la Causa » (1908), se déroule dans un village de Galice. L' *hidalgo* gallégan hautain et au grand cœur Don Juan Manuel, peut-être le meilleur des croquis de personnages saisissants de Valle-Inclán , apparaît dans ce roman comme dans beaucoup d'autres. La deuxième partie, « El Resplandor de la Hoguera » (1909), suit les mouvements brisés de la guérilla dans le complexe Pays Basque ; et la troisième partie (chaque partie formant cependant un roman séparé), « Gerifaltes de Antaño » (1909), décrit la tactique furtive mais audacieuse de cette sinistre *cabecilla carliste* , Manuel Santa Cruz, prêtre de Hernialde , dirigeant ses hommes la nuit. , « rapide et silencieux comme un loup », par des sentiers de montagne labyrinthiques, à travers des champs de maïs, des châtaigniers et des vignes, et des prairies parfumées sous les étoiles, ou ordonnant exécution sur exécution d'hommes et de femmes « avec une froideur mystique et une paix intérieure ». .» Sa cruauté était celle du paysan qui allume un feu pour détruire les fléaux de sa vigne. Il regarda la fumée s'élever comme un sacrifice du soir...

"Lo que á unos encendía en amor, à los d'autres Los encendía fr odio , et el cabecilla pasaba entre el incendio et le saqueo , anhelando el amanecer de paz para aquellas aldeas húmedas y greens , que regulaban su vie por la voz de las campanas, al ir al campo, al yantar , al cubrir el feu de ceniza et llevar à los pesebres el recette de yerba. Ère su papa cruel comme le vigneron qui enthousiasme des chaussures contre les plagas de su viña . Miraba subir el humour Côme en un sacrifice , avec la Serena espère faire la vendimia lors d' un jour du Señor , bajo el oro del sol et la voix de toutes les campanas de cobre ancien , bien tañidas .

Il est difficile d' analyser la fascination de ces romans. Leurs incidents semblent assez insignifiants et les personnages parlent avec des phrases fines et brisées ; mais l'effet est une image merveilleusement vivante des scènes vacillantes de la dernière guerre carliste et de la tactique montagnarde des *cabecillas* . Les lignes fines ne sont pas dues à une pauvreté d'inspiration mais à la retenue d'un artiste accompli. Le romancier espagnol le plus récent est Ricardo León, un jeune écrivain de Malaga, dont le premier roman, " Casta de Hidalgos ", fut publié à l'automne 1908, suivi de " Comedia Sentimental " en 1909 et " Alcalá de los Zegríes », « La Escuela de los Sofistas » (un volume de dialogues) et « El Amor de los Amores » en 1910. Ces livres sont l'œuvre d'un écrivain qui a lu et assimilé le meilleur de la littérature espagnole depuis ses débuts, des chroniques, des légendes, des *serranillas* , de fervents traités religieux. Son style n'est en effet pas indigne des mystiques espagnols. Il est à la fois riche et sobre, imprégné d'un humanisme archaïque, mais teinté de tristesse et de désillusion modernes ; c'est, comme pourrait l'appeler l'auteur lui-même, « un castellano de clásico » du travail .» Il n'y a rien de tendu ou d'artificiel, c'est plutôt l'expression fluide d'une intensité mystique. Il donne des tableaux admirables des pensées et de la vie des fiers *hidalgos* d'antan , « sur le modèle des anciens *hidalgos* de Castille », comme Don Juan Manuel, qui vit dans la ruine Santillana avec sa tristesse des siècles, *tristeza milenaria* , dans « Casta de Hidalgos ; » ou de philosophes sérieux et réservés, comme Don Juan Antonio dans « Comedia Sentimental ». " Alcalá de los Zegríes » contient de nombreux passages de noble prose espagnole et d'autres d'intérêt psychologique ; mais il s'agit pour l'essentiel de politique et de conflits entre partis. Les Espagnols s'intéressent généralement plus à la politique qu'à la littérature. La célèbre « Pepita Jiménez » de Valera ne lui a rapporté que huit mille *réaux* , soit moins de 80 £, et Señor Unamuno, recteur de l'Université de Salamanque, éminent penseur et écrivain espagnol, a déclaré que l'opinion littéraire en Espagne est formée d' environ cinq cents personnes. personnes, « quinientas personas mal contadas ». Les romanciers peuvent protester, mais le roman gagne. Il n'y a aucune tentation d'écrire pour plaire au goût d'un public qui n'existe pas. S'il y a quelque chose de commercial dans la production méthodique des romans de Pérez Galdós ou de Blasco Ibáñez, le commercialisme n'a certainement eu jusqu'ici qu'une faible part dans la littérature espagnole. L'Espagne, limitée et peu littéraire, a eu cet avantage. Le débat mondial ne l'a pas vulgarisé ; une demi-culture n'a pas entraîné le roman vers des méthodes flamboyantes et auto-publicitaires. Le roman en Espagne est à son meilleur lorsqu'il rejette ou n'entre pas en contact avec les influences étrangères. Cela peut être réaliste sans penser à telle ou telle école. Il fascine par sa saveur originale et son parfum du terroir.

XX

ROMANS DE GALICE

Les habitants de la Galice ont été considérés comme les Béotiens d'Espagne, mais le fait que dans le monde politique de nombreuses personnalités éminentes soient des Gallegans semble montrer que la Galice a été calomniée. La Galice compte également deux écrivains modernes de talent, la Condesa Emilia Pardo Bazán et Don Ramón del Valle- Inclán . Señora Pardo Bazán appartient au groupe le plus ancien des romanciers espagnols ; née en 1851, [107] elle a publié ses deux romans bien connus de Galice, « Los Pazos de Ulloa » et « La Madre Naturaleza », en 1886 et 1887, et « De mi tierra », un livre de scènes et d'essais. de Galice, en 1888. C'est comme romancière régionale que Mme Pardo Bazán a remporté ses plus glorieux lauriers. " Galicienne elle adore les choses de la Galice », dit M. Vézinet [108] et il ajoute qu'elle développe les mêmes sujets que les naturalistes français, mais évite le libertinage dont ils sont si friands . HYPERLINK "https://gutenberg.org/files/53001/53001-h/53001-h.htm" \l "Footnote_108_108" La multitude de ses tâches et de ses intérêts a forcément gêné son art de romancière. «Elle a malheureusement diffusé ses énergies dans tous les sens», raconte M. Fitzmaurice-Kelly. « Personne ne peut réussir dans tout, en tant que poète, romancier, essayiste, critique, conférencier et homme politique. Pourtant, la Condesa Pardo Bazán est tout cela, et bien plus encore. Nous échangerions volontiers tous ses écrits divers contre un autre roman comme « Los Pazos de Ulloa ». » [109]

« Los Pazos de Ulloa » est un roman imprégné de l'atmosphère galicienne. Los Pazos est une grande maison de campagne située dans une vallée isolée de maïs, de vignes et de châtaignes, accessible à cheval à travers un pays de loups désolé, le *pays des lobos* . Son mobilier est branlant, ses fenêtres n'ont pas de vitres, bien qu'il ne soit pas aussi ruineux que Los Pazos de Limioso , à quelques lieues de là, qui manque même de fenêtres. Le curé du village d'Ulloa n'a que deux dévotions, celles du *jarro* et de l' *escopeta* , de la cruche et du fusil ; la consommation d'eau et l'utilisation de savon qu'il considère comme efféminées. Le marquis de Ulloa aussi, franc, noble de cœur, mais cynique, souvent brutal, passe une grande partie de son temps dans les foires de village et à chasser les perdrix dans le maïs ou parmi les pins et les plantes parfumées des collines. Il est totalement au pouvoir de son serviteur Primitivo , qui gère ses domaines. Primitivo , lui aussi, tient les paysans, comme il le dit, dans la paume de sa main. Ce sont des travailleurs patients qui, cependant, selon le Marqués de Ulloa, ont besoin d'une main forte pour les contrôler – quelqu'un comme Primitivo . *que les dé centre de vente fr picardía* , c'est-à-dire qui connaîtra deux trucs à lui. Lorsque le Marqué s'adresse au nouvel aumônier, Don Julián, dans le jardin sauvage et négligé, au sujet du Primitivo , il se rend compte par un bruissement dans les sous-bois que Primitivo a écouté l'éclat. Lorsque, comme premier pas vers la liberté, il décide de quitter Los Pazos pour rendre visite à son oncle à Saint-Jacques-de- Compostelle , Primitivo ne s'y oppose pas ouvertement, mais la jument n'est pas ferrée, l'âne a été mystérieusement blessé. Le Marqués et Julián décident d'aller à pied à Cebre , où ils prendront la diligence. Le sentier devient plus sauvage, les bois se resserrent plus épais, une croix indique l'endroit où un homme a été tué, il n'y a que le bruit des bûcherons parmi les châtaigniers. Le Marqué, très alerte, aperçoit dans les broussailles l'éclat d'un canon de fusil pointé vers l'aumônier, tenu pour l'instigateur de cette rébellion. C'est Primitivo « en train de tirer ». Le livre dresse un tableau sombre d'un pays riche ruiné par la mauvaise gestion, les transactions sournoises et l'ignorance. L'agent du Marqués de Ulloa a tellement le pouvoir sur les paysans qu'il est capable de renverser la balance des élections. Il commença par voler méthodiquement à son maître l'administration de son domaine, et il prête l'argent ainsi obtenu aux paysans, qui sont poussés à emprunter pour pouvoir continuer à cultiver leurs terres. Primitivo facture un intérêt de huit pour cent. (par mois), et dans les années de famine, il augmente les intérêts. Le pays et ses habitants sont décrits d'une main de maître. Don Ramón del Valle- Inclán fait partie de la nouvelle école de romanciers espagnols et appartient à proprement parler au XXe siècle. Il est avant tout styliste. Dans ses *utilitaires prosas* il y a une retenue exquise, avec ici et là une teinte d'archaïsme et une musique envoûtante aux douces cadences langoureuses. Il aime le rare, le délicat, le coûteux, et son art est d'écrire sur le luxe avec des phrases sobres, empreintes de tristesse et de magie du regret. C'est un style de soie et de cristal taillé, comme d'argenterie ou d'ivoire poli, manipulé par de fins doigts ascétiques. Dans ses quatre « Sonates » (Printemps, Été, Automne et Hiver) nous avons les mémoires du Marqués de Bradomín , les souvenirs de ses anciennes amours. La scène de « Sonata de Primavera » est un palais italien avec les lilas en fleurs le long de ses terrasses et les roses remplissant le jardin entre les cyprès, tandis que la scène de « Sonata de Estío » est le Mexique dans toute la croissance luxueuse de sa végétation estivale. Dans la « Sonate de l'hiver », la scène est la cour carliste d'Estella et le décor est plus sombre . Le marquis perd un bras au service du roi Charles VII et, de la fenêtre de sa chambre de malade à Villareal de Navarra, regarde une route bordée de peupliers sans feuilles et de montagnes mouchetées de neige. Mais ces romans n'égalent pas la « Sonate d' Otoño », dont la scène se déroule dans la Galice natale de Señor Valle- Inclán . Deux vers de Verlaine décrivent en quelque sorte le roman :

« Dans le vieux parc solitaire et glacé
Deux spectres ont évoqué le passé.

C'est un livre qui peut être lu en un peu plus d'une heure, mais qui comporte de nombreuses pages captivantes. Quelques phrases courtes, des mots jetés ici et là au hasard avec un art caché, donnent une image merveilleusement claire de la Galice verte et pluvieuse, avec ses collines et ses ruisseaux. On voit les collines et les collines voilées de brume, les troupeaux de moutons blancs et noirs, les moulins, la fumée blanche qui s'élève des maisons parmi les figuiers, les montagnes bleues lointaines surmontées des premières neiges, un vol de colombes sur fond de brume. des champs verts au-dessus de la tour d'un *Pazo* , une allée cavalière pierreuse avec ses haies de ronces et de grands bassins d'eau où s'abreuvent les bœufs, les paysans arrivant payer leur tribut de blé au Palacio, les bergers descendant des collines portant leur caps de roseaux. Les femmes reviennent en chantant de la fontaine, un vieil homme conduit ses vaches qui s'arrêtent pour paître, une femme idiote cueille des herbes odorantes et simples qui ont une grâce mielleuse pour « donner la santé à l'âme et guérir les maux du troupeau ». Et il y a le Palacio de Bradomín , avec son escalier de larges marches en granit ; un sentier y mène à travers la campagne verdoyante et trempée, et le soleil d'automne éclaire ses fenêtres au milieu de grands châtaigniers. Une fontaine coule et des oiseaux chantent dans le vieux jardin de myrtes, de cèdres et de cyprès, encore à la fin de l'automne rempli de roses, mais « les allées étaient couvertes de feuilles sèches et jaunes que le vent balayait avec un lent bruissement ; les escargots, immobiles *comme moi viejos les paralíticos* , comme les vieux paralytiques, prenaient le soleil sur des sièges de pierre. Les passages du Palacio sont longs et sombres, et le froid frappe les grandes pièces silencieuses, de sorte que dans chacune d'elles brûlent avec éclat des bûches de bois, remuées avec des pinces de « bronze ancien, minutieusement travaillé ». Les branches nues des arbres effleurent les fenêtres de la bibliothèque, où, parmi les reliures de parchemin, règne une paix monastique, *un sueño canonique et doctoral* .

C'est dans le minutie des détails que réside la force de Señor Valle-Inclán . Les escargots dans le jardin, la forme des verres, les chaînes en argent d'une suspension, rien n'est passé pour insignifiant. Mais les détails sont donnés en peu de mots, avec la nette précision d'un artisan qualifié. Et il a le pouvoir de mettre en valeur ses personnages. Ainsi, dans la Sonate d' Otoño , nous avons ce *muy gran señor* Don Juan Manuel, qui dès sa première apparition se précipite « à Villa del Prior pour tabasser un clerc ». Il a l'habitude de venir à cheval de sa maison de campagne, son *Pazo* , à deux lieues de là, d'attacher son cheval à la porte du jardin du Palacio, d'entrer et d'appeler un domestique pour du vin, pour cet excellent *vin de la Fontela* qui serait le meilleur au monde, dit-il, s'il est pressé à partir de raisins sélectionnés - buvez et endormez-vous, puis au réveil, appelez bruyamment son cheval, que ce soit la nuit ou le jour, et retournez à son *Pazo* . On aperçoit la mère de Concha, qui racontait aux enfants des histoires de saints et, avec ses « doigts mystiques et nobles », tournait lentement les pages pour leur montrer les images de l'année chrétienne ; de la mère de Xavier, qui passait ses journées au fond d'un large balcon filant pour ses domestiques, dans un fauteuil de velours cramoisi clouté de clous d'argent. Il y a Concha, mince et blanche, si sainte et si fragile ; il y a Xavier, marquis de Bradomín , lui-même, le sceptique vaillant et cynique ; il y a le page Florisel , la vieille servante Candelaria, avec leurs noms rares et recherchés.

Dans « Flor de Santidad », peut-être le meilleur des livres de Señor Valle- Inclán , nous avons les mêmes descriptions délicates de la Galice : la sinistre auberge, solitaire dans une sombre Sierra brune ; la bergère, gardant son troupeau et ayant des visions mystiques parmi les pierres celtiques jaunies d'anciens lichens, *líquenes millénaristes* ; la simple salutation des paysans : *Alabado mer Dios* , « Gloire à Dieu » ; les pèlerins et les sorcières ; des charmes et des incantations magiques pour préserver les troupeaux du mal ; ruse et simplicité, superstition et crime. Le même charme de simplicité mystique et d'innocence qui entoure Adega , la bergère de « Flor de Santidad », entoure toutes les héroïnes des romans de Señor Valle- Inclán ; Maximina, par exemple, aux yeux tristes et de velours, *ojos aterciopelados y tristes* , dans « Sonata de Invierno ». C'est dans « Flor de Santidad » que se présente le tableau, répété dans « Jardín Novelesco », de la vieille paysanne allant avec son petit-fils lui trouver un maître. Ils rencontrent l'archiprêtre de Lestrove , qui chevauche tranquillement — *de andadura mansa y doctoral* — pour prêcher lors d'une fête de village. « Que Dieu nous accorde un jour saint et bon. » L'archiprêtre ramène sa jument. "Vas-tu à la foire?" il demande. « Les pauvres n'ont rien à faire à la foire. Nous allons chercher un maître pour le garçon. — Et connaît-il son catéchisme ? « Oui, Señor , il le sait. La pauvreté n'empêche pas d'être chrétien. La grand-mère laisse l'enfant de neuf ans au service d'un mendiant aveugle. « Être le serviteur d'un aveugle est une position que beaucoup aimeraient avoir », dit le mendiant, et le nouveau *Lazarillo* répond tristement : « Sí , Señor , sí ». Tandis qu'elle les regarde s'éloigner lentement sur la route à travers la campagne verte et humide, elle murmure en séchant ses larmes : « Neuf ans et il gagne déjà le pain qu'il mange. Gloire à Dieu."

Les incidents et les personnages sont mis en relief par la magie particulière et originale de la prose délicatement ciselée de Señor Valle -Inclán . Il y a dans cette prose quelque chose de frais et de glacial, quelque chose de lilas et d'hortensias, de vagues réminiscences du tintement argenté des voix dans un marché aux verrières, ou du bruissement d'une faux dans l'herbe mouillée. Les mots sont astucieusement pesés et choisis et mis en *gouttes d'argent d'orfèvrerie* . Et la fraîcheur transparente de son style convient admirablement pour décrire la simplicité et la fraîcheur primitives de la Galice.

<h1 style="text-align:center">XXI</h1>

<h1 style="text-align:center">ROMANS DE LA MONTAGNE</h1>

I. — « SAVEUR DU TERROIR »

cinquante ans, avant que Zola et l'école naturaliste ne soient sur les lèvres des hommes, commençait à écrire un romancier espagnol, José María de Pereda, qu'on ne peut pas appeler naturaliste, à cause des associations données à ce nom en France. . L'humour et la franchise traversent la littérature espagnole ; il y a moins de raffinement artificiel et plus de vigueur et de sympathie largement humaine que dans la littérature française. Le langage lui-même est franc et franc plutôt que subtil et insinuant. Et le caractère noblement indépendant des Espagnols de toutes classes compte pour beaucoup dans l'admirable santé mentale du réalisme espagnol. « Nos couches sociales les plus basses, dit la Condesa Pardo Bazán , ne diffèrent pas peu de celles décrites par Zola et les Goncourt . » Le réaliste espagnol n'a donc aucune raison de décortiquer les gens ordinaires et les événements vulgaires d'un point de vue supérieur, en mettant pour ainsi dire des gants pour garder les mains propres. Il sait que la vertu se perche dans des lieux étranges et apprend à voir *le sublime d'en bas* , et il y a un large fossé entre le naturalisme français et le réalisme espagnol. Pereda, [110] un *hidalgo* de la vieille école, né à Santander le 6 février 1833, passa la plus grande partie de sa vie dans la *Montaña* , à Santander, ou dans sa propriété de Polanco, ne quittant la Cantabrie que pour étudier. pendant quelques années à Madrid, et plus tard pour siéger quelques mois aux Cortes en tant que carliste. Il passa le reste de sa vie parmi sa famille, ses livres et ses amis dans sa bien-aimée *Montagne* . [111] Son ami dans la vie privée, le señor Pérez Galdós , le décrit comme brun, hâlé, de taille moyenne, avec moustache et barbe pointue, de caractère fondamentalement espagnol, et de tempérament très nerveux, avec horreur des conventions et des faux-semblants . C'est vers 1859 que des croquis de coutumes et de personnages rédigés sous la plume de Pereda commencèrent à apparaître dans un journal de Santander, *La Abeja. Montañesa* . Ils furent rassemblés en 1864 et publiés sous le titre de « Escenas montañesas . " Scènes montañesas » donne l'essence de l'art de Pereda et, bien qu'il écrivit plus tard de longs romans et atteignit occasionnellement une admirable unité de traitement, le plaisir réside toujours dans les descriptions de coutumes en voie de disparition rapide et dans les caractères de ses paysans et pêcheurs plutôt que dans le fil de l'action, qui est généralement léger ; et la force de ses romans ne réside pas dans leurs héros et héroïnes mais dans les personnages secondaires et les spectacles parallèles. " Scènes montañesas » nous montre la vie à Santander et dans les montagnes voisines telle qu'elle était il y a a un demi-siècle et telle qu'elle vit aujourd'hui de manière permanente dans l'art de Pereda. Les scènes et les personnages nous sont présentés avec une vivacité extraordinaire, et ce n'est que de temps en temps que les croquis ressemblent presque trop à des observations tirées directement du carnet. Nous avons le dessin picaresque du *raquero* , le *gamin de Santander* qui vit de petits larcins sur les bateaux le long des quais ; la maison à l'ancienne mode d'un village de montagne : par un privilège héréditaire, Saint Jean est considéré comme un membre de la famille, et les vêtements de procession du Saint figurent sur la liste de lavage ; la veillée funèbre d'un village, avec les toasts fréquents, « à la gloire des morts », *à la buena gloria del defunto* ; tía Nisca , faisant à pied son long voyage de retour après avoir fait ses adieux à son fils sur un bateau à destination des « Indes », et reprochant le sol infertile qui pousse ses fils à émigrer, bien qu'il y ait une chanson qui dit aux hommes qui vont aux Indes en Pour devenir riche, les Indes seraient chez elles, si seulement elles étaient prêtes à travailler :

"A las Indias van los hombres
A las Indias por Ganar ,
Las Indias ici las tienen
Si quisieran travailler ;"

et surtout la noble figure de tío Tremontorio (le premier et le plus important de la longue lignée de portraits magistraux de Pereda dans la vie humble, et le dernier de cette race de pêcheurs robustes qui, avec les Basques, rivalisaient avec les baleiniers anglais dans les mers du Nord et concluaient des traités avec les rois anglais au Moyen Âge) , fabriquer des filets, ou manger son pain et *du bacalao cru* sur son balcon dans la sordide *Calle Alta* , ou consoler les épouses et mères de pêcheurs sur la *Muelle Anaos* (dans « La Leva »), et mourant joyeusement (dans « El fin de una raza »), après de nombreuses heures de lutte contre les vagues, heureux de mourir tranquillement dans sa maison, bien qu'il ait failli périr dans la tempête à cause de son refus de perdre un escapulario *de* la *Vírgen del Carmen* . « Nous sommes tous des marins de cette mer plus lointaine », dit-il dans son langage rude alors qu'il se meurt, « tous à destination du même port. Si le diable ne nous l'empêche pas, moi demain et vous un autre jour j'y jetterai l'ancre. " Suum « Cuique » est la plus longue et non la moins excellente de ces *Escenas* . Un pauvre *hidalgo* de la montagne, Don Silvestre Seturas , rend visite à un ami puissant à Madrid et est rapidement désillusionné par la capitale et sa seule cour. Son ami l'accompagne à son tour jusqu'à sa bastide ancestrale, et se réjouit d'abord du pays et de son calme idyllique. Mais le *rat de ville* commence à découvrir, au bout de quelques mois, que le pays n'a ni paix ni poésie ... " Barbarus híc ego sum quia non intelligor ulli » – et retourne à Madrid. Plusieurs incidents contribuent à son changement d'opinion, incidents qui révèlent le caractère des paysans et illustrent le fait que Pereda, s'il nous fait aimer les paysans de la Montaña , n'est jamais aveugle à leurs défauts et à leurs faiblesses. Le riche *madrilène* avait décidé de donner une horloge pour la tour de l'église du village. Mais la méfiance occupe une grande place dans le caractère des villageois, et ils craignent les riches même lorsqu'ils leur apportent des cadeaux. Quelle intention cachée se cache-t-il dans cette générosité insolite ? Le maire convoque le conseil et le résultat est un long document que le donateur doit signer. Il devra s'engager à placer l'horloge dans la tour à ses frais ; il donnera une rente de deux mille *réaux* pour faire face aux dépenses liées à l'horloge ; il doit construire une autre tour si la tour actuelle s'effondre « à mon époque ou à celle de toutes les générations et héritiers qui pourront venir après moi » ; il doit payer tous les procès nés de l'horloge dans le village ou dans le quartier . Lorsqu'il déchire le papier, les soupçons des villageois selon lesquels son cadeau a été réfléchi après coup sont irréfragablement confirmés. Les procès sont la passion de la Montagne. L'un est resté dans la famille de Don Silvestre pendant sept générations, et lui-même, devant choisir, à cause de la pauvreté, entre rester célibataire toute sa vie et renoncer au procès, choisit sans hésitation la première. Le comble de la patience de son ami est un procès intenté contre lui parce que, alors qu'il était en train de tirer, une partie d'un mur de pierres détachées entourant les champs d'un paysan s'est effondré peu après qu'il ait tiré sur un oiseau.

« Bocetos al temple » (1876) et « Tipos Trashumantes » (1877), font preuve de la même puissance d'observation fine. Pereda, qui traite les travers des paysans avec un humour sans ménagement mais à la fois bienveillant , devient impitoyable et même cruel face à la prétention du vulgaire et à l'inanité des riches *désœuvrés* . On a dit avec humour de lui qu'« il renverse le précepte apostolique : loin de souffrir volontiers les insensés, il les fait souffrir volontiers ». Sans sortir de sa province , il trouva affaire toute prête chez les *veraneantes* , les *flâneurs* madrilènes, qui passaient les mois chauds à Santander.

Ainsi dans « Tipos Trashumantes » il met au pilori le *sabio* , le savant, qui admet que Cervantes n'était pas un homme tout à fait commun, mais regrette que ni Cervantes ni Calderón ne possédaient la « philosophie de l'esthétique », ou qui méprise les habitants de Santander parce qu'ils n'en ont pas entendu parler. Jeéguel (Hegel) ; le *lettré* ou le journaliste qui, parce qu'un orateur de Cortès avait rendu Dante populaire par une citation, murmure : « *come corpo morto cade* » s'il laisse tomber son bâton ou son cigare ; le barbier qui manque à Santander cet « air » indéfinissable de Madrid ; en fait, un cortège de charlatans et de fripons, d'imbéciles et de snobs : peut-être la seule figure « sympathique » est celle du barón de la Rescoldera, qui « n'a jamais une bonne parole ni une mauvaise action. Il est agréable de revenir sur les scènes villageoises dans « Tipos y Paisajes » (formant une deuxième partie de « Escenas montañesas », 1871). Nous trouvons ici l'« Indien » enrichi (c'est-à-dire un *montañés* revenu dans son pays après avoir fait fortune en Amérique du Sud) ; le maître d'école, en habit noir, qui écrit des lettres pour tout le village, et s'enferme dans sa maison pour s'enivrer, sinon ivre, du moins très ivre ; le paysan Blas, qui, après avoir hérité de trente mille dollars, est misérable, mais sent qu'il doit vivre *comme un señor* maintenant qu'il est riche, et rejette comme une tentation à laquelle il faut résister le désir de partir comme autrefois, avec un aiguillon sur l'épaule , le long du grand chemin à côté de ses bœufs ; le prêtre pratique, rude et gentil, Don Perfecto ; Don Robustiano , un *hidalgo* à l'ancienne mode , qui ne permet pas l'utilisation moderne des allumettes dans sa maison et qui, de par ses expériences de pauvreté, ne se laisse pas facilement tromper lorsqu'il visite un voisin . *hidalgo* , par les excuses de « ma femme et ma fille à l'église ». «Je vois à travers vous», se dit Don Robustiano , «sans doute, faute de vêtements, ils sont cachés dans un coin de la maison.» Mais surtout le sketch intitulé *El Amor de los tizones* admirables et dignes de Cervantes. Il s'agit d'une description d'une réunion rustique ou *tertulia* dans la cuisine d'une des maisons pauvres d'un village de montagne. Les paysans, chacun d'entre eux étant un personnage clairement défini, entrent un à un avec le salut : « Dios nos acompañe » ou « Dios mer aquí », et autour du feu de bois, le scintillement des flammes illuminant leurs visages contre l'immense cheminée noircie par la fumée, ils prient un *rosario* pour les morts, ou racontent des histoires de brigands, de sorcières et d'enchantements. « Los hombres de pró » (publié à l'origine avec « Bocetos al temple ») et « El Buey Suelto » (écrit en 1877) sont toujours des recueils de croquis, le premier sur une campagne électorale dans les régions rurales d'Espagne, le second, sur les misères des célibataires, et les scènes des deux sont touchées par la vivacité et l'humour de Pereda . Pereda, en tant que romancier proprement dit, commence par « Don Gonzalo González de la Gonzalera » (écrit en 1878), qui décrit les effets de la révolution de 1868 sur un petit village de la Montagne, par « De tal palo tal astilla » (1879), une réponse à « Doña Perfecta », « El Sabor de la Tierruca » (1882) et « Pedro Sánchez » (1883) de Pérez Galdós . « El Sabor de la Tierruca » (Saveur du terroir) est un livre authentique de la *Montaña* ; sa sérénité n'est guère troublée par les fréquents combats et rivalités de village dans lesquels les armes sont de gros bâtons taillés à flanc de montagne. Le livre est rempli d'une odeur fraîche et âcre de terre et de senteurs d'automne, et a la paix des jours tranquilles où pas une feuille ne bouge et où il n'y a aucun mouvement dans les champs de maïs mûrs et jaunes. C'est une vie vécue et ressentie par l'auteur et non superficiellement observée, de sorte qu'il n'y a aucune trace d'artificialité ou de faux sentiment dans les descriptions. Cumbrales et Rinconeda sont des villages rivaux, Cumbrales se trouvant en hauteur parmi les vergers, Rinconeda plus bas, à la lisière de la plaine, dans d'épais bois de chênes et de châtaigniers. Rinconeda se réjouit lorsque l' *ábrego enragé* , le vent du sud, souffle en rafales furieuses des collines et ravage Cumbrales ;

Cumbrales se réjouit lorsque la pluie transforme chaque rue de Rinconeda en un torrent impétueux. Les personnages des habitants de Cumbrales sont dessinés avec toute l'habileté de Pereda ; Juanguirle , par exemple, paysan riche et travailleur, maire simple et sensé de Cumbrales ; Baldomero , qui « ne peut pas comprendre comment ne rien faire, ne penser à rien, se soucier de rien, peut être désagréable pour toute personne sensée » ; son père, Don Valentín, « héros de Luchana » et adorateur d'Espartero, qui, après un repas frugal, dit à son fils que ce n'est pas le rôle des bons libéraux de se faire autant de plaisir quand les carlistes arborent « le drapeau noir ». de tyrannie », ce à quoi Baldomero répond laconiquement que cela aurait semblé plus convaincant avant le repas. Il y a une lutte épique entre les deux villages qui fait rage avec une telle violence que le maire Juanguirle tente en vain de l'arrêter « au nom de *la Josticia* , au nom de la loi, de *la Constitution* , de Dieu lui-même, s'il le faut. , puisque, faute de mieux, je suis désormais Son représentant ici. Quelques instants après, c'est triste à raconter, Juanguirle , piqué par une insulte lancée à Cumbrales , est au plus fort de la mêlée. Dans « Scènes montañesas » Pereda avait légèrement esquissé un *deshoja* , la tâche de récolte consistant à séparer l'épi de maïs mûr de sa gaine. Dans chaque grand panier , un certain nombre d'épis (de deux à six) sont réservés pour les pauvres, pour les âmes du purgatoire et pour d'autres fins pieuses. Dans « El Sabor de la Tierruca », la scène est décrite de manière plus complète. Les ouvriers, au nombre de plus de cinquante, chantent des chansons et des ballades lentes tandis que les tas d'épis jaunes brillants et les tas de feuilles blanches et croquantes grandissent et grandissent, et leurs chants sont accompagnés par intervalles par le bruit des torrents d'épis de maïs vidés des les paniers. Nous avons aussi une description d'une *derrota* , lorsque les troupeaux sont amenés paître en toute promiscuité, du jeu de *cachurra* , une sorte de hockey rustique, et des simples festins de châtaignes grillées avec une *bota* de vin. Pourtant, tout n'est pas « plaisanterie et gaieté juvénile ». Les paysans, dans leur prudente méfiance, ont un œil vif pour les sorcières, et une vieille femme faible, peu parlante, pauvre et solitaire, et de mèche avec le diable, joue un triste rôle important dans l'histoire de Cumbrales . Ainsi, dans Tipos y Paisajes , la sorcière est redoutée non seulement par les garçons qu'elle surprend en train de voler les raisins dans le jardin de sa cabane, mais par tout le village. Si une vache meurt, c'est la faute de la sorcière ; si un homme passe ses journées à boire dans une taverne, la misère de sa famille n'est pas imputable à lui, mais à la sorcière.

II. — « SUR LES HAUTEURS »

Dans « Pedro Sánchez », Pereda, non sans appréhension, voyage hors de sa région natale pour se rendre à Madrid, alors, en 1854, « un grand village en ruine, desséché, vieux et sale » ; [112] mais Pedro Sánchez est un *montañés*

, et la première partie du livre, avant qu'il quitte sa *Montaña natale* , dépasse de loin le reste en termes de style. Les principales œuvres de Pereda, après « El Sabor de la Tierruca » et « Pedro Sánchez », furent « Sotileza » (1885), « La Puchera » (1889) et « Peñas arriba »(1895). « Sotileza » est un roman du vieux Santander, aujourd'hui disparu. Tant par les personnages que par la langue, c'est le roman le plus local de Pereda, et c'est peut-être celui qui est devenu le plus célèbre. Il y règne une atmosphère de poix, de goudron et d'algues, et dans la *Calle Alta* , des filets et des haillons en lambeaux pendent aux balcons, les poissonnières se disputent de manière aiguë, et le cri strident et perçant du vendeur de sardines déchire l'air. Andrés, Muergo et Cleto sont tous amoureux de Silda, et Silda, ayant grandi légère et gracieuse et appelée *Sotileza* du nom du mince fil ou boyau auquel est attaché l'hameçon, n'est pas naturellement encline à la laisser aller. des sentiments apparaissent. Mais Andrés, fils d'un riche capitaine de la marine marchande, ne peut se marier en dessous de lui ; Muergo , le neveu mi-brut mi-enfantin de tío Malines et Tía Sidora , avec qui vit Sotileza , une orpheline, se noie commodément dans une tempête; et nous laissons Sotileza fiancée à Cleto , l'honnête fils de tío Mocejón , qui, avec sa femme, la Sargüeta , et sa fille, Carpia , sont la terreur de la *Calle Alta* et *du paé Polinar* . Le père Apolinar est un prêtre charitable et simple qui reçoit ses pauvres pétitionnaires avec des paroles bourrues, mais finit par leur donner le peu qu'il possède. Un soir, alors qu'il écrit son important sermon, il est interrompu – ce n'est pas la première fois – par une pauvre femme dont le mari est malade. « Laissez-la aller chez le médecin », s'écrie-t-il ; mais quand il découvre qu'ils meurent de faim, « *Ave María Purísima* », crie-t-il deux fois, « et il a trois enfants et une femme, et il n'y a plus d'honnête homme ». Il ordonne à son vieux serviteur d'apporter le *puchero* contenant des pommes de terre et un peu de viande, le repas du soir du curé. Après l'avoir reniflé délicieusement, il l'envoie au malade, et, en reprenant son sermon , il se dit : « J'ai certainement lu quelque part que pour se maintenir en bonne santé lorsqu'on s'occupe d'une tâche aussi difficile que celle que j'ai maintenant, en main, il n'y a rien de mieux que de se coucher le ventre vide. Eh bien, il n'y a aucun doute que j'ai faim, une faim de loup, ce soir. Sotileza laisse une impression d'embruns poussés par le vent et de mer agitée, d'effort viril et courageux, de vigueur et de joie de vivre ; la difficulté du langage et la rudesse de la vie décrite contribuent à la puissance et au caractère convaincant de l'œuvre. Pereda n'a jamais montré plus admirablement sa capacité à évoquer les vies les plus communes, les incidents les plus vulgaires et le langage de la rue - de la stridente *Calle Alta* d'où *pae Polinar* s'enfuit avec une consternation comique vers la région du grand art. Il y a quelque chose d'épique dans ses personnages, dans les querelles bruyantes des poissonnières tout autant que dans l'héroïsme serein des pêcheurs en haute mer. « La Puchera » n'est qu'un demi-roman marin. Les habitants de Robleces ne pratiquent la pêche en mer que pour gagner la misère somme gagnée par la culture de la terre. Ainsi, dans la maison de Juan Pedro (appelé *El Lebrato*) et de Pedro Juan, son fils (surnommé *El Josco* , en raison de sa timidité féroce), les articles de pêche et les rames se mêlent aux outils agricoles. Juan Pedro est veuf, et père et fils sont entièrement dévoués l'un à l'autre, mais leur maison est en désordre et inconfortable faute de soins d'une femme. Pedro Juan est amoureux de Pilara , Pilara est amoureuse de Pedro Juan, sa famille encourage le mariage, son père ne demande rien de mieux, mais Pedro Juan ne peut briser sa timidité et se résoudre à parler. Enfin, cependant, il s'enhardit lorsque Pilara , en train de faire le foin, en jupe écarlate, corsage rayé bleu et foulard multicolore , disposant le foin sur la charrette pendant qu'il la lui tend, saute en riant du dernier foin. charrette dans ses bras. « Pilara , d'ici à l'église pour que le seigneur prêtre nous marie. Allez-vous l'accepter ? Et elle répond : « Nous serions peut-être revenus il y a longtemps, *hijo de mi alma* , si tu avais été différent. » Si l'avare du livre, Don Baltasar , est le plus habilement dessiné, son intérêt se concentre plus spécialement sur la vie de Juan Pedro et de Pedro Juan : Juan Pedro, gai et bavard, apparaissant les jours de fête avec ses célèbres bottes de mer, ses Cochin -Médaille de Chine et cravate en soie ; Pedro Juan, qui, lors de son mariage, lorsque le prêtre Don Alejo lui demande s'il veut avoir Pilara pour épouse, répond : « Et je ne le ferai pas en effet ? Elle sait bien que je le ferai, et tu le sais aussi.

En 1895 parut « Peñas arriba » (Sur les hauteurs), la couronne et le chef-d'œuvre de l'œuvre de Pereda. C'est un roman de haute montagne, comme « Sotileza » est un roman de mer. Don Celso vit à Tablanca dans sa maison ancestrale qui détient la seigneurie de toute une vallée et a eu l' honneur d'héberger deux prélats, les évêques de León et de Santander ; mais Don Celso est vieux et en mauvaise santé, et il supplie si instamment son neveu Marcelo de venir le voir que, contre son gré, ce dernier quitte Madrid et ses confortables chambres de la Calle del *Arenal* . Après une longue chevauchée à travers des cols de haute montagne, des sentiers étroits et escarpés et des repaires d'ours, il atteint Tablanca à la tombée de la nuit. Un coup de sifflet de son domestique Chisco , des aboiements de chiens, une lumière incertaine qui va et vient , des formes noires autour de la lumière, un bruit de voix, et Marcelo est reçu dans les bras de son oncle. Le lendemain, depuis les larges balcons, il découvre d'un côté les montagnes qui touchent presque la maison, de l'autre un damier de prairies vertes et de chaumes jaunes de champs de maïs sur un fond de montagnes vertes, brunes et grises, et le village parmi les rochers et les broussailles et les sentiers complexes. Il y a un dicton dans le village qui dit que le plus grand terrain plat est le sol de la salle à manger de Don Celso. Parmi les personnages du livre, Don Sabas appartient à cette noble armée d'humbles curés décrits par Pereda, le curé du village dans « De tal palo tal astille »; Don Frutos , discret et bavard, dans « Don Gonzalo » ; le joyeux curé de Robleces , *regocijado de humour* , dans « La Puchera », dont le seul vice est de sortir en mer deux fois par semaine avec les bateaux de pêche ; et le *pae incomparable Polinar* dans « Sotileza ». Don Sabas est passionné par la montagne et, une fois sur les hauteurs, le mot exact et la phrase juste lui viennent pour exprimer son enthousiasme et sa profonde connaissance de leurs plantes et de leurs animaux. Lui donner un évêché dans un plat pays, c'eût été pour lui la mort. Il est intrépide et infatigable, qu'il traque un ours, qu'il aille au secours d'un paysan ou d'un berger dans un blizzard de neige sur les hauteurs, ou qu'il rende visite à un malade par une nuit noire d'orage. Don Celso est aussi une figure noble, pratique et imposante, et dans son immense cuisine du soir, il organise une réunion patriarcale de paysans. Nous avons également la splendide figure tolstoïenne de l' *hidalgo* de race antique, Gómez de Pomar , auteur de nombreux livres, déchargeant une charrette de foin dans son simple costume de paysan. C'est un modèle de noble courtoisie— *hidalga Cortesía* , son style est « fougueux et vigoureux, pur castillan, intact, comme le sang qui coule dans ses veines ». Consciemment ou inconsciemment, c'est un autoportrait de Pereda. Le livre regorge de scènes et de personnages impressionnants ; c'était un sujet cher au cœur de Pereda, et il a produit une œuvre qui se classe parmi les grands romans du monde. Il y a une certaine solidité dans l'écriture de Pereda, bien adaptée pour décrire le pays montagneux austère et ombragé, tandis que son amour peu latin pour la nature sauvage et désolée se réjouit des ouragans qui arrachent les arbres et tourbillonnent les congères à flanc de montagne. " Peñas arriba » représente toute la vie et l'être de l'auteur et nous donne la pleine mesure du véritable *sabor de la tierruca* , la saveur du terroir. Dans « Esbozos y Rasguños » Pereda ridiculise ces Cervantistes fous qui prouvent que Cervantes était omniscient, un excellent théologien, un cuisinier, un marin, un géographe, un libre penseur, et qui prouveront bientôt que ni Cervantes Cervantes, ni Don Quichotte Don *Quichotte* . Mais il s'était imprégné en grande partie du véritable esprit de Cervantes , même s'il n'avait jamais atteint sa grande tolérance et sa vision plus large de ces temps plus spacieux. Sa prose [114] est robuste et austère, exempte d'idiomes étrangers, chargée de dialectes et de phrases indigènes du terroir. Il a capté la fraîcheur vigoureuse de l'air des montagnes, et les parfums de la terre, des bois et des landes, l'agitation de la mer et la simplicité élémentaire des hommes ennoblis par le contact constant de la terre et de l'océan. Pereda a écrit avec tout son cœur, sans rechercher la popularité. Sa grandeur grossière, rude comme le pays de « Peñas arriba », son utilisation fréquente du dialecte, son intraduisible , font que peu de lecteurs. Mais ceux qui, comme Don Sabas , souhaitent quitter le pays plat et gravir les hauteurs des montagnes, trouveront en Pereda un classique, haut et inébranlable comme les collines. Même si aveuglément l'iniquité de l'oubli disperse son coquelicot, il n'est peut-être pas « prodigieusement téméraire » de soupçonner que Pereda puisse encore être lu quand Zola est oublié.

XXII

PROSE CASTILANNE

« La langue espagnole, disait un écrivain anglais en 1701, n'est en réalité aucune, car si les Espagnols restituaient aux Égyptiens, aux Grecs, aux Arabes, aux Maures, aux Juifs, aux Romains, aux Vandales, aux Huns, aux Goths, aux Français, et enfin, Italiens, les mots qu'ils leur ont arrachés, ils doivent nécessairement rester muets. Et, encore une fois, la langue espagnole « se compose de a et de o, et rien d'autre que des paroles et des grimaces ». Un autre Anglais, soixante ans plus tard, dit de la langue espagnole : « De même qu'il y a quelque chose de pompeux et de magnifique dans la longueur de ses mots et dans leur sonorité, de même il y a aussi une particularité dans la tournure et la manière de leurs phrases et expressions. .» À l'époque de la grandeur de l'Espagne , une plus grande justice est accordée à la langue espagnole. «C'est expressif, noble et grave», dit Mme. d'Aulnoy ; « il n'y a que le nôtre (*c'est-à-dire* le français) qui le surpasse. » Mais avec le déclin de la prospérité matérielle de l'Espagne, la langue semble être tombée en discrédit ; Une nation qui ne possède ni monnaie d' or ni cuirassés peut-elle posséder une langue ou une littérature digne de ce nom ? On peut admettre que de nombreux Espagnols modernes eux-mêmes n'écrivent pas un espagnol correct ou idiomatique ; la langue a été remplie d'importations étrangères, et bien qu'elle soit la langue la plus facile à apprendre superficiellement, elle est, en raison de son immense richesse de mots et de ses réserves déconcertantes d'idiomes, l'une des plus difficiles à bien apprendre. « On parle ici le meilleur castillan, dit Mme. d'Aulnoy de Burgos, et c'est encore en Castille qu'on apprend l'espagnol le plus pur, dans les régions, *c'est-à-dire* où, à cause du climat, l'étranger ne fait qu'un séjour le plus bref. Tolède est plus susceptible d'être visitée pendant deux jours pour voir ses églises que pendant deux mois pour apprendre la langue ; cela ne donne aucune impression attrayante de confort à l'étranger. Dans « Don Quichotte », nous lisons que « ceux qui sont élevés à Zocodover ne parlent pas aussi bien que ceux qui passent la journée à se promener dans les cloîtres de la cathédrale, et pourtant tous sont tolédans ». Mais bien que parmi les paysans d'Espagne il y ait beaucoup *de prevaricadores del buen lenguaje* , avec une transposition imprudente des consonnes (comme *sonde* pour *pobre*), leur langue est souvent essentiellement plus pure et plus idiomatique, avec « une particularité dans la tournure et la manière de leurs phrases », que celle des *reprochadores de voquibles* , qui la prononçaient. entre leurs dents, et qui préféreraient mourir plutôt que d'offenser *la grammaire* , mais se permettent l'usage constant de mots et d'expressions étrangères dans la construction de leurs phrases. Le vrai castillan a une douceur et une vigueur combinées , qui lui permettent d'être à la fois passionné et concis, une harmonie et une force qu'on ne trouve guère dans aucune autre langue, et une vivacité qui jaillit du sol et n'a pas son origine dans les livres. Beaucoup des plus grands écrivains espagnols ont manié alternativement la lance et la plume ; ce ne sont pas des « grammairiens qui taillent et taillent pour le génitif », mais dans le choc et le flux clairs des voyelles, à peine interrompus par leurs consonnes floues, il semble y avoir une rumeur de bataille, et leurs mots peuvent être, comme ceux de saint François d'Assise prêchant, *a modo che saette aiguë* — flèches très pointues. Cette vigueur native corrige la tendance à la riche magnificence et à la croissance traînante des mots ; tandis que sans cette richesse, la langue castillane pourrait ressembler au catalan saccadé – une succession de coups de pistolet rapides, pour ainsi dire, et non les tons majestueux d'un orgue. Il n'est pas exagéré de dire que le castillan – non pas le misérable castillan de nombreux journaux et de nombreux auteurs modernes, mais le castillan à son meilleur – n'a été surpassé que par le grec. C'est donc une langue qui mérite vraiment d'être étudiée et qui s'apprend facilement ; il a, après l'anglais, la plus vaste extension du monde, et il possède une splendide littérature de huit siècles, continuée aujourd'hui dans un certain nombre de romans caractéristiques et fascinants. Pourtant, la langue castillane, littérairement, est si peu étudiée qu'elle semble être considérée comme « proprement inexistante » ; et ces romans, lus en traduction, perdent leur saveur . Cervantes a prophétisé que « Don Quichotte » serait traduit dans toutes les nations et dans toutes les langues, mais, comme le disait Dante, la poésie ne peut pas être traduite « senza rompere » . tutta Sua dolcezza e armonia », ainsi Cervantès compare les traductions au revers des tapisseries flamandes – les figures encore visibles, mais obscurcies par une foule de bouts de fil. Le meilleur espagnol se trouve encore chez les écrivains de l'âge d'or de la littérature espagnole, et en particulier dans les écrits des mystiques.

Le style de Cervantes change avec ses personnages, qui ont le droit d'assassiner le castillan en espagnol-basque ou en gascon-catalan, mais il est maître à volonté du castillan le plus pur, en lui jamais séparé de la pleine saveur de la vie, et il se réfère avec mépris à la suite fallacieuse de « Don Quichotte » comme « écrit en aragonais ». Le style du Quevedo est tout aussi *castizo* , au caractère idiomatique et au goût piquant . Parmi les écrivains modernes, Valera et Pereda, si différents, se ressemblent en ce sens qu'ils sont tous deux maîtres de la noble prose castillane et n'ont rien à dire sur les phraséologies importées qui imprègnent une grande partie de l'écriture espagnole moderne. Pérez Galdós a également un style typiquement espagnol, robuste et vigoureux, riche en mots, idiomatique. Les écrivains espagnols les plus récents, dans un esprit romancier, avancent avec plus de délicatesse ; ils ressemblent à Sancho Panza , qui, «quand il était gouverneur, a appris à manger minutieusement, *á lo melindroso* , de sorte qu'il mangeait des raisins et même les graines d'une grenade avec une fourchette». Le style de León, en effet, est plein et beau et, comme celui de Valera, nous ramène aux écrits des mystiques du XVIe siècle ; mais Valle- Inclán (coupable seulement très occasionnellement de mots tels que *madama* ou *dandy*) et *Azorín* maîtrisent une prose volontairement fine et d'une clarté exquise. [115] « Llovía menudo y ligero fr aquella fertiliser vallée du Baztan ..."; dans ce passage des « Gerifaltes de Antaño » de Valle-Inclán (1909), comme dans tant d'autres, nous avons un tableau fini et délicat, atteint après beaucoup de travail de rejet et de compression, bien qu'il ait l' art de cacher ses *affres du style* . Dans une langue aussi inépuisablement riche que l'espagnol, et avec la tendance des Espagnols à écrire à la hâte et en grande quantité, ce choix et ce tri des mots sont les bienvenus et ne risquent pas d'être poussés à l'excès.

XXIII

TOLÈDE ET LE GRECO

La renommée d'El Greco [116] s'est étendue et approfondie ces dernières années, même si la fascination totale de ses tableaux ne sera peut-être jamais comprise, sauf par quelques-uns. De sa vie, nous n'avons que quelques détails élimés, et c'est d'autant plus alléchant que nous sentons que sa vie et son caractère étaient d'un intérêt étrange et séduisant. Avant son arrivée en Espagne, le fait le plus intéressant que nous apprenions à son sujet est contenu dans une lettre de l'artiste Julio Clovio , écrite en novembre 1570 : « Il est arrivé à Rome un jeune Crétois, disciple de Titien, et, dans mon avis, un excellent peintre— *parmi rare nella pittura* . La date de naissance du Greco est incertaine, mais s'il était *giovine* en 1570, il aurait à peine soixante-dix-sept ans au moment de sa mort en 1614. Cette affirmation quant à son âge a été faite lorsque la date de sa mort a été donné comme 1625. On a supposé qu'il résultait d'une confusion facile entre *sesenta* et *setenta* , et qu'il n'avait pas soixante-dix-sept ans mais soixante-sept ans ; l'année de sa naissance serait alors 1547. La date exacte de son arrivée à Tolède est inconnue, mais c'était vers l'année 1575 ; certainement en 1577 ou avant. Tolède avait cessé d'être la capitale et la cour de l'Espagne, mais restait pourtant la demeure non seulement des princes de l'Église, mais de nombreux hommes de lettres et des MS arabes. de « Don Quichotte » a été découvert sur sa place. Sa cathédrale était « l'église la plus riche de la chrétienté ». Un ouvrage italien publié à Venise en 1563 rapporte que « les prêtres règnent triomphalement à Tolède – *trionfano* – et se livrent au bien-vivre, et personne ne les réprimande ». La puissance de l'Inquisition était à son apogée. Depuis les ténèbres de l'Escurial, l'esprit étroit et inflexible de Philippe II trouva de nombreux échos dans les villes sévères de Castille. El Greco a vécu pour voir l'expulsion des Morisques et le déclin complet du commerce et de l'industrie de Tolède et d'autres villes. Le projet d'Antonelli de rendre le Tage navigable jusqu'à Tolède fut rejeté avec mépris : Dieu ne l'aurait-il pas rendu navigable s'il avait voulu ? Pourtant, c'était l'âge d'or des lettres espagnoles, et pendant le séjour du Greco à Tolède, la figure la plus humoristique et la plus largement humaine de toute la littérature s'élaborait dans le cerveau de Cervantes. El Greco mourut à Tolède deux ans avant la mort de Cervantes et de Shakespeare.

Pacheco dit du Greco qu'il était « en toutes choses aussi singulier que dans ses peintures ». D'autres notes perdues le représentent comme « un grand philosophe », « un discours éloquent », un orateur plein d'esprit et perspicace – *de agudos dichos* - un écrivain sur la peinture, la sculpture et l'architecture. On nous dit en outre qu'il gagnait de nombreux ducats mais qu'il les dépensait en grande pompe, gardant même des musiciens pour lui jouer pendant ses repas. Il semblerait qu'il ait conservé la douce atmosphère du luxe italien au milieu des rues étroites et sombres de Tolède et qu'il ait introduit une note de plaisir étrangère dans l'existence froide et intense de la Castille. Mais si sa vie en a conservé une certaine teinte vénitienne (Venise qui dépensait ce que Venise gagnait), son art était essentiellement espagnol. Le maniérisme de sa peinture pourrait être considéré comme extravagant, car ses caprices pourraient ne pas être compris par de nombreux Espagnols. Il était, pourraient-on dire, « trop choisi, trop épicé, trop affecté, trop bizarre, pour ainsi dire, trop pèlerin ». Ce sont les épithètes d'Holopherne décrivant un Espagnol ; et quoi de plus espagnol que le mélange de vision aiguë et de puissance réaliste de portraitiste d'El Greco avec un spiritualisme intense et sans faille ; que son désir véhément, presque torturé, d'éviter le commun et le vulgaire – non pas la simple recherche de l'originalité mais le désir d'être sincère, d'exprimer sa propre âme ? Ses manières n'ont pas la richesse sensuelle de l'Italie mais une austérité castillane, voire tolédienne . C'est comme « une épée de l'Espagne, le tempérament du ruisseau de glace ». Déjà dans son célèbre « Expolio » (dans la sacristie de la cathédrale de Tolède), peint peu de temps après son arrivée en Espagne, il avait, comme le disait Señor Cossío dit qu'il a abandonné les rouges et les ors d'Italie pour le bleu, le carmin et le gris cendré. Quant au prix de ce tableau, il eut un différend avec le chapitre de la cathédrale de Tolède. [117] Des évaluateurs ont été nommés pour l'évaluer et ils ont constaté que, même si le tableau était au-delà de tout prix - *aucun tiene prescio ni estimación* — verdict avec lequel tous ceux qui ont vu l'« Expolio » seront facilement d'accord, mais, compte tenu de « ces temps de pauvreté », ils l'ont évalué à neuf cents ducats, un prix extraordinairement élevé pour cette période. Le Chapitre, en revanche, offrait une somme beaucoup plus petite, et cela à condition qu'il supprime certaines « irrégularités » – *ynpropiedades* – du tableau, parmi lesquelles les figures de « la Vierge et des saints – *las marias y nuestra »* . *señora* – dont la présence sur la photo est contraire à l'Évangile, étant donné qu'ils n'étaient pas réellement présents. Le Greco résista pour son propre prix, mais le maire , se rangeant du côté du Chapitre, décréta qu'il devait soit abandonner le tableau, soit aller en prison, et le peintre se soumit. Les figures d'une beauté exquise qu'il devait faire enlever sont cependant toujours présentes, ainsi que les autres *ynpropiedades* , de sorte qu'il semble au moins avoir défié l'esprit étroit de la lettre des prêtres qui « régnaient triomphants » à Tolède. Peut-être, dans l'humeur d'Alonso Cano envers le Chapitre de la Cathédrale de Grenade, a-t-il menacé de détruire l' Explio , et le Chapitre, lui ayant donné cent cinquante ducats à titre d'acompte, ne voudrait pas perdre son image. Certes, le Greco ne se dirait pas avec Frà Lippo Lippi :

« Ils doivent savoir !
Ne pensez-vous pas qu'ils sont les plus susceptibles de savoir,

eux, avec leur latin ? alors j'avale ma rage,
je serre les dents, je serre fort mes lèvres et je peins
pour leur plaire.

El Greco peignait pour plaire à personne d'autre qu'à lui-même et à sa vision individuelle. Son grand tableau suivant, le "San Mauricio", fut peint sur ordre de Philippe II, mais il ne plut pas au roi et, de son vivant, ne fut pas placé à l'Escurial, où il se trouve actuellement. *No le contentó á su Magestad*, dit Sigüenza , et il continue en disant, "et ce n'est pas étonnant, puisqu'il ne plaît qu'à peu de gens, bien qu'on dise qu'il montre beaucoup d'art, *mais dix c'est beaucoup art* . » Il est concevable que le tableau dans son ensemble puisse paraître laid et repoussant, surtout à première vue, avant que l'œil ait embrassé sa richesse de beaux détails. Cependant, la véritable raison de son « pas agréable » n'était pas le dessin exagéré ni la coloration dure , la note dominante de jaune et de bleu, mais la représentation réaliste du groupe de martyrs au premier plan. "Les saints", poursuit Sigüenza , "doivent être peints de telle manière qu'ils n'enlèvent pas le désir de prier, mais qu'ils incitent plutôt à la dévotion".

« « Oui, mais vous n'incitez pas ainsi à la prière »,
frappe le Prieur ! " Quand votre sens est clair,
il ne dit pas aux gens - rappelez-vous matines -
ou faites attention à jeûner vendredi prochain." »

L'Église espagnole aurait volontiers réduit l'art à des crânes et des os. Mais El Greco comprit que ses saints devaient être humains avant de pouvoir être divins. Il avait désormais inauguré ce réalisme qui devait trouver sa plus haute expression dans l'art de Velázquez, mais qui se manifeste également dans les Saints et les Madones de Murillo.

El Greco n'a pas l'attrait immédiat et l'attrait universel de Velázquez ; certains de ses tableaux peuvent déplaire au premier abord et ne font sentir leur charme que progressivement. Quelle est alors la fascination particulière du Greco, ce pouvoir dominant d'attirer ou de repousser dans ses tableaux si grand qu'il est susceptible de devenir presque une obsession ? Est-ce la vérité de la vie, ou l'éloignement de la vie, l'expression claire du caractère ou la soumission spirituelle à la volonté divine ? Est-ce dans son penchant pour ces couleurs froides et simples, les verts pâles et les lilas, le gris et le bleu des hortensias ou de la surface de la glace, qui ravissent l'âme des « primitifs » comme des « décadents » ; dans la vie et le mouvement omniprésents, les membres élancés et allongés et les figures effilées ; dans la subtile permanence d'expressions et d'attitudes « si fugitives » ? Est-ce la sincérité passionnée et l'effort qui dédaignent le repos et la simple complaisance du travail accompli, le noble mécontentement face aux effets obtenus, le désir incessant d'atteindre des niveaux encore plus élevés, jusqu'à ce qu'en fin de compte, comme dans son "Asunción", l'ensemble du tableau soit modelé sur un réalisation parfaite du désir de l'âme, unité harmonieuse d'aspiration, « toccando un poco la vita futura » ? Ou est-ce la tristesse exquise, l'air d'acquiescement à la souffrance et au destin inéluctable , ou la paix merveilleuse et la joie sereine de certains de ses visages ? C'est une combinaison rare de tout cela qui donne l'essence du charme puissant d'El Greco ; c'est la richesse des contrastes si typiquement espagnols, le rendu merveilleux des choses célestes et terrestres, la magie sauvage de son imagination, la sobre alchimie individuelle de son style. Dans ces lignes délicates, ces visages minces, ces longs membres blancs et ces couleurs sobres , il y a une intensité spirituelle qui passionne et consume avec une lumière et un feu dépassant la vision obscure des mortels. Mais dans l' expression il y a en outre une douceur de pitié persistante, de douceur et de larmes liées aux douleurs terrestres, qui rend son art non pas froid et distant, attirant simplement l'intellect, mais aimable et humain ; «une chose ensky et sainte», mais toujours liée par des chaînes d'or autour des pieds de l'homme.

La petite église de Santo Tomé, avec sa belle vieille tour, ne se trouve qu'à quelques centaines de mètres de la maison du Greco à Tolède, et pour cette église il a peint peut-être la plus belle et certainement la plus importante de toutes ses œuvres - " El Entierro del Condé Orgaz . Pour un artiste, « l' Entierro » a presque autant d'intérêt et d'enseignement que « Les Ménines » de Velázquez. Le sujet est une légende locale. Saint Augustin et saint Etienne descendent pour porter à l'enterrement le cadavre du charitable comte d' Orgaz — dont on lit qu'il « employa sa vie à des œuvres saintes et arriva ainsi à une mort sainte » — et les principaux citoyens de Tolède le pleurent. . Dans cette longue suite de visages, El Greco montre toute sa maîtrise de portraitiste. Et l'on peut voir en eux toute la race castillane : dignité castillane, franchise, noblesse, tristesse, résignation, orgueil, hauteur, intensité, mysticisme ascétique. Il semble, en regardant, entendre le rythme solennel des vers de Jorge Manrique— [118]

«Ce monde est le chemin
pour le otro , que es morada
Sin pesar ;
Mas cumple tener bon tino
Para andar esta jornada
Sin errar .
Partimos quand Nacémos ,
Andamos mientras vivimos ,
Y llegamos
Al tiempo que fenecemos ;
Así que cuando morimos
Descansamos .

La lumière des torches brûlant dans de longues et fines flammes et le regard vers le haut du prêtre en simple surplis attirent le regard vers la deuxième partie du tableau, la Gloria, *où* le comte d' Orgaz apparaît devant le Christ et la Vierge dans un ciel bondé. avec les apôtres et les saints et soutenu par les anges. La beauté de la partie inférieure est aussi facilement reconnaissable que celle d'un tableau de Velázquez, mais le *Gloria* prend plus de temps à être apprécié, car il mesure davantage le maniérisme du Greco. C'est en partie pour cette raison que l'image peut déplaire au début, puis déplaire de façon permanente si on la voit une seule fois d'un simple coup d'œil, mais lors d'une étude plus décontractée, elle prend sa juste place comme l'une des images les plus merveilleuses et les plus belles du monde. Il faut aussi du temps pour se rendre compte de l'infinie beauté des détails, des figures sur la robe de saint Augustin, de la scène de la lapidation de saint Etienne sur celle de saint Etienne, et de l'habileté avec laquelle on évite toute monotonie chez les personnes en deuil, dans bien qu'ils soient presque tous de même taille et presque tous portant des fraises blanches et une barbe pointue.

Dans ses tableaux ultérieurs, El Greco augmenta le maniérisme de son style ; les figures sont plus longues, plus anguleuses, l'intensité de l'expression devient une obsession, un paroxysme : il peint comme quelqu'un pour qui le monde entier a cessé d'exister. Parfois, comme dans le « Baptême » de Tolède, ces exagérations gâtent sérieusement la beauté de son œuvre ; mais l'Asunción de l'église de San Vicente, à Tolède, appartient aussi à son style ultérieur, et n'est pas le moins beau de ses tableaux : dans aucune autre œuvre d'art le sens du mouvement n'a été si merveilleusement exprimé : la Vierge , les saints et les anges semblent réellement flotter vers le haut sous nos yeux. Le maniérisme d'El Greco, *jene unglaubliche Manier*, comme l'appelle Herr Carl Justi , est plus évident dans certains de ses tableaux, dans d'autres moins; mais il n'y a pas un fossé suffisamment grand entre eux pour justifier l'expression selon laquelle « ils sont si différents qu'ils ne semblent pas avoir été peints par la même main » [119] ni pour approuver la déclaration de Palomino selon laquelle « ce qu'il a bien fait, personne ne l'a fait ». mieux, et ce qu'il a mal fait, personne n'a fait pire.

Ce n'est pas par négligence ni par ignorance que El Greco a dessiné ses personnages de manière disproportionnée, les rendant surnaturellement longues et minces. Il l'a fait délibérément, tout comme Bacon a dit délibérément que « dans toute beauté il y a une certaine étrangeté des proportions », et l'effet produit dans les tableaux du Greco justifie souvent, voire en règle générale, son audace. Nous le voyons

« Verser son âme...
Atteindre, afin que le Ciel puisse ainsi le reconstituer,
Au-dessus et à travers son art – car il cède ;

Ce bras est mal mis — et là encore —
Un défaut à pardonner dans les traits du dessin,
Son corps, pour ainsi dire ! son âme a raison.

Naturellement, la particularité de son style a immédiatement frappé tous les observateurs. Ainsi les Français ont parlé de ses « maladresses » enfantines , audaces troublantes », ses « attitudes strapassées », ses « draperies cassées et chiffonnées à plaisir », son « dessin fantastique ». Ainsi , Sir Edmund Head a décrit certaines des images du Greco comme étant « d'une longueur extravagante, d'un ton gris cendré, très singulier chez un si bon coloriste ». Si seulement on y jetait un coup d'oeil d'un coup d'œil, c'est peut-être l'impression que laisseraient la majorité de ses tableaux, et il reste ainsi un sphinx pour beaucoup. « Il restera toujours caviare pour la multitude », écrivait Sir JC Robinson en 1868 ; "L'observateur non initié passe en revue [ses images] avec émerveillement et perplexité, les figures et les draperies angulaires sinistres et l'agitation vacillante de tous les détails qui l'affectent comme le ferait un dur tumulte de sons discordants."

Palomino a dit à propos du Greco qu '«il a fini par rendre sa peinture méprisable et ridicule à la fois par l'extravagance du dessin et la dureté des couleurs ». Ses contemporains expliquaient la singularité de son œuvre soit par la folie, soit par le besoin d'effet, *par exemple. valentía , para salir del día* , ou au désir d'éviter qu'ils soient confondus avec ceux du Titien !

Tout comme son dessin, la coloration du Greco a été une pierre d'achoppement et une offense. On lit de ses « teintes presque cadavériques », « coloris grisâtre , pâle blafard », « symphonies en bleu mineur » ; et Ford a écrit de manière caractéristique que ses images étaient souvent « aussi plombées que le choléra morbus ». Après les riches rouges et ors de la peinture italienne, les teintes plus subtiles du Greco, développées par lui en partie sous l'influence du Tintoret, en partie sous l'influence de Tolède, ne pouvaient pas plaire à ses contemporains, mais nous sentons maintenant qu'elles ne sont pas un léger ingrédient de son charme. Dans la coloration, El Greco a largement influencé Velázquez et, à travers Velázquez, toute la peinture ultérieure. Velázquez a appris de lui, selon les mots du Señor Cossío , « son harmonie de gris argentés et l'utilisation de certains carmins ». Mais ce n'était pas seulement la coloration du Greco qui l'affectait. Monsieur Cossío voit dans la construction de « La Reddition de Breda » de vagues réminiscences de « San Mauricio », et on peut aussi y voir des réminiscences de « Expolio ». Palomino, dans sa Vie de Velázquez, dit que « dans ses portraits, il imitait Domenico Greco, car il considérait que ses têtes ne pouvaient pas être suffisamment louées ». Velázquez a rejeté l'intellectualité mystique du Greco, mais peut-être sans l'influence du Greco, le réalisme de Velázquez aurait pu être excessivement exact et moins inspiré.

Tolède, selon les mots d'un poète espagnol moderne, est « sombre, en ruine, oubliée et seule » ; mais Domenico [120] Theotocopuli , qui resta là sans se souvenir pendant trois siècles, se lève maintenant pour répandre sa renommée à travers le monde.

«Tout passe. L'art robuste
Seul à l'éternité ,
Le buste
Survit à la cité .

Des étrangers de nombreux pays parcourent les ruelles et les passages pavés, à la recherche d'églises cachées ici et là avec des images du Greco : Santo Tomé, San José, San Vicente, Santa Leocadia, San Nicolás et bien d'autres :

"L'obscurité du sanctuaire n'éloigne plus
les langues vaines d'où ses images se distinguent."

Il aimait peindre la ville et, outre sa célèbre vue, on la retrouve en arrière-plan de ses tableaux. La Cathédrale et le Pont d' Alcántara et le Château de San Servando sont parfaitement distincts dans l'« Asunción » de l'Église de San Vicente. La ville apparaît à nouveau, quoique moins clairement, dans le magnifique tableau de Saint-Martin (de Tours) partageant son manteau, un acte de charité qui prend certainement une nouvelle signification dans ce pays sombre et sans abri de Tolède. Et Tolède, et non Troie, apparaît dans le « Laocoon », le seul tableau du Greco ayant un sujet classique. Le Greco, le Crétois, vécut à Tolède pendant une quarantaine d'années, et le charme de Tolède semble être entré dans son âme. Sa maison n'était pas située dans une des rues étouffées, mais dans un espace ouvert au-dessus du Tage, en face de la synagogue des Juifs. [121] Il a un *patio* frais avec un sol de briques rouges et de tuiles vernissées, et quatre piliers blancs, avec un petit puits près de l'entrée, et une galerie en bois gris au-dessus, reposant sur les piliers et ouverte d'un côté, donc qu'au printemps, des hirondelles entrent parfois et tournoient autour de la cour. À droite, une porte mène à une cuisine pittoresque et démodée, avec son immense cheminée à foyer ouvert et ses sièges de chaque côté sous la cheminée. Si El Greco, étranger, serait devenu le plus espagnol des peintres espagnols, c'est sans doute grâce à l'influence exercée sur lui par cette ville austère mais séduisante de Castille. Il est impossible de dissocier sa couleur des nombreux verts, gris et bruns de la ville et de la campagne environnante, du sol couleur rouille des Cigarrales à peine recouvert de nombreux verts qui ne sont pas verts, des plantes grises des collines, des teintes ternes de thym et l'olive, le vert plus strident des grenades et autres arbres fruitiers, l'herbe desséchée par le soleil jusqu'aux taches jaunes. Et peut-être n'est-il pas tout à fait fantaisiste de relier les reflets métalliques visibles dans certaines lumières à la surface du Tage avec les effets de vernis si fréquents dans les tableaux du Greco, ou encore avec les ormes déchiquetés et tourmentés par le vent au bord du fleuve avec certains de ses plus beaux tableaux. des chiffres extravagants. La ville pointe vers le haut comme une épée grise ; et qu'elle soit vue dans des rayons et des feuilles de lumière orange sur un coucher de soleil orageux, ou s'évanouissant et s'effondrant gris sous un soleil implacable et un ciel d'un bleu sans nuages, elle a l'intensité austère que l'on retrouve dans l'œuvre d'El Greco . Pourtant, de même que dans les images les plus grises du Greco apparaît une touche de couleur apaisante , Tolède n'est pas simplement une symétrie monotone de brun ou de gris. Un cortège, blanc et or, rouge et pourpre, défile dans les rues étroites sous une pluie de roses depuis les balcons des maisons gaiement tendues de blanc et de rouge, de rouge et de jaune ; ou bien les couleurs vives des robes des paysans se détachent sur l'ancien pont de l'Alcántara lorsqu'ils entrent au marché ; ou bien, dans une rue aux murs étouffants et sans fenêtres, qui mènent le jour à une ligne de ciel bleu et la nuit à un ruban d'étoiles, on aperçoit, à travers des portes en pierre ancienne massive, un patio de fleurs lumineuses - des *œillets* , des capucines, des géraniums, comme on peut trouver une image du Greco dans quelque vieille église oubliée ; et sous les murs jaune-brun et les rochers gris de la ville se trouvent des jardins d'arbres fruitiers, où au printemps les rossignols chantent des grenades aux fleurs écarlates. C'est une ville de surprises continuelles, qui ne peuvent être comprises ou appréciées en une seule journée ou en une seule visite ; il donne, comme les tableaux du Greco, une forte impression originale au premier coup d'œil, mais il ne révèle son être intérieur, ses moments plus doux, sa véritable signification et son charme qu'à une étude patiente. Son attitude est bien celle de la réserve ; il semble porter un jugement sur la civilisation moderne. Il représente tout ce qu'il y a de plus noble, de plus individuel et d'austère inflexible dans l'esprit de l'Espagne.

NOTE DE BAS DE PAGE

[1] La distinction est toujours valable, et les Espagnols qui ont voyagé, *par exemple* à Buenos Aires, se distinguent par une certaine énergie pratique et un certain optimisme de ceux qui n'ont jamais quitté la péninsule.

[2] « Les lettres ingénieuses et divertissantes de la Dame ———. Voyage en Espagne. Traduction anglaise. Deuxième édition. Londres. 1692.

[3] Villefranche . «État présent d'Espagne . » 1717.

[4] Edward Clarke. "Lettres concernant la nation espagnole." Londres. 1763.

[5] Ce pessimisme « se fonde sur nos récents désastres ; sur le fait que nous sommes tombés, un fait terrible dans la logique implacable et impitoyable de la vie internationale ; sur le manque momentané de volonté dont nous souffrons ; et sur l'anachronisme de certains vices et idéaux qui, ne pouvant plus, comme autrefois, être excusés sous prétexte que d'autres nations les partagent, semblent montrer que nous sommes incorrigibles. Rafael Altamira, « Psicología del Pueblo Español » (Madrid. 1902), dans lequel on retrouve plusieurs des opinions citées ci-dessus.

[6] « Les mâles de la patrie ».

[7] « Idéarium Español . »

[8] «La Volonté ». Barcelone. 1902 : « L' intuition des choses , la vision rapide pas de faute , mais falta , fr cambio , la coordination réflexive , el laboratoire patiente , la volontaire .

[9] « Alcalá de los Zegries . Madrid. 1910.

[10] Dans d'autres pays, des saints portaient la tête dans leurs mains, mais il existe une légende d'un saint en Espagne qui, non content de faire une lieue la tête sous le bras, continuait à parler sans cesse. Il « cachait sans doute la pauvreté de son action », comme Bertram dal Bornio , portant sa tête « a guisa di lanterna » dans l'Enfer.

[11] « Comédia sentimentale ». 1909.

[12] On peut lui appliquer les paroles de Santa Teresa :

« Vous êtes bronzés divinas mañas
Que en un tan acerbo trance
Sale triunfando del lance
Obrando grandes hazañas .

[13] Ford considérait le Basque comme « aussi fier que Lucifer et aussi combustible que ses allumettes », et il y a un proverbe : « En nave y en castillo no más que un vizcaino . Cf. Camões. Os Lusiades :

Une gentille biscainha que carece
De polidas razões e que as injurias
Muito mal dos estranhos compadéce .

[14] Les Castillans, dit le roi Jacques Ier d'Aragon, sont très hautains et fiers : *de gran ufania e erguylhosos* . Dans les Lusiades, le castillan est « grande e raro ».

[15] Le vers de Dante est bien connu : « l'avara pauvreté de Catalogne . Napier parle des « Catalans, une race féroce et constante ».

[16] Le Gallegan, « o Gallego cauto » et « sordidos Gallegos duro bando », à Camões, reste toujours la cible de l'esprit espagnol. Les habitants de la *Montaña* sont considérés comme presque aussi denses : « El montañés para defenseur una necedad dice tres » et encore « De Burgos à la mer, tout est bêtise ». L'Asturien, de la région entre la Galice et la *Montaña* , a plutôt la réputation d'un homme d'affaires, c'est l' *avarus asturien* de Martial et Silius . Italique ; en échange de sa vantardise de n'avoir jamais eu de contact infectieux avec les Maures, un proverbe dit : « El asturiano , loco y vano , poco fiel y mal cristiano . »

[17] « Pour chanter Los Navarros , pour pleurer Los franceses , para pegar cuatro tiros les mozos aragonais .

[18] Dans « El Imparcial ».

[19] Il est vrai qu'il était basque espagnol et qu'il ne faisait que reproduire en costume moderne la scène de Don Quichotte, dans laquelle le Biscayen laisse ses maîtresses sans protection dans leur voiture et se bat pour montrer qu'il est de naissance un Basque espagnol. *cavalier* .

[20] L'ivresse est particulièrement rare en Espagne. On leur a reproché leur sobriété, car fondée sur la paresse et le manque d'initiative. La seconde moitié de leur proverbe : « Goza de tu poco mientras busca plus el loco – Profitez du peu que vous avez et laissez l'imbécile chercher davantage » est, en effet, aussi insensé que la première moitié est sage.

[21] Cf. les « altos pensamientos », du célèbre Pablos de Ségovie de Quevedo et de son père, le barbier-voleur, et la remarque de ce dernier : « Esto de ser ladron no es arte mécanique sino libéral » : le voleur n'a pas pour métier une basse profession mécanique, mais une profession libérale.

[22] « Ils ne feront aucune corvée du tout. » Sir R. Wynn, « Un bref récit de ce qui fut observé par les serviteurs du prince lors de leur voyage en Espagne. » 1623.

[23] Ils ont cette intensité momentanée et isolée que M. Anatole France attribue aux hommes d'action : « Ils sont tout entiers dans le moment qu'ils vivent et leur génie se ramasse sur un point. Ils se renouvellent sans cesse et ne se prolongent pas.

[24] Épisodes Nationales . Narvaez . 1902.

[25] Cf. Joseph Townsend. « Un voyage à travers l'Espagne dans les années 1786 et 1787 », 3 vol. Londres. 1792 : « Il ne faut pas croire que les Espagnols soient naturellement indolents ; ils sont remarquables par leur activité, capables d'efforts intenses et patients contre la fatigue. Un autre jugement remarquable du même auteur concernant les Espagnols est que « leur ambition vise en tout à la perfection, et qu'en cherchant trop, ils obtiennent souvent trop peu ».

[26] « Non hi ha res al mon que vosaltres non faessetz exir de mesura .

[27] « La lettre avec sangre entra », est un triste proverbe des Espagnols et dans l'éducation moderne de la page imprimée, ils sont déficients.

[28] Cf. les paroles : *Poderoso caballero es don Dinero ; Dadivas quebrantan peñas ; Dineros son calidad , etc.* Sancho va gouverner l'île de Barataria « avec un très grand désir de gagner de l'argent ». La tendance est toujours à accumuler plutôt qu'à investir, comme l'a fait Don Bernard de Castil . Blazo à *Gil Blas* , gardant 50 000 ducats dans un coffre de sa maison.

[29] Les Espagnols préfèrent profiter du temps comme d'un cadeau envoyé par les dieux, plutôt que de le gaspiller en essayant de le dépenser trop gentiment. *Le temps est venu à Dieu; Dios mejora las horas; Con el temps maduran las uvas* . Pour un paysan, deux heures d'un jour de mars, c'est « quatre heures de soleil de plus ». Le temps n'est pas découpé mécaniquement en minuscules divisions par des horloges. Les distances sont données en heures, une heure par lieue. Les Catalans sont moins prodigues en termes de minutes ; à un étranger qui lui demandait la distance jusqu'à un village près de Tarragone, un paysan répondit astucieusement en catalan : « un cuart y mitj », c'est-à-dire que le village était à un quart d'heure et demi d'heure. Curieusement, les Catalans donnent l'heure comme en allemand, *par exemple* huit heures et demie c'est *dos cuarts de nou — halb Neun* .

[30] « El Caballero encantado », 1909 : « Viven dans un monde de rituels , de formules , de trames et de recettes . La langue est composée d' aforismos , de lemas et d'emblèmes ; les idées salen plagadas de motes, y cuando las acciones vouloir produire Et un je buscando la palabra en que han de

encarnarse y no acaban de elegir . Les Espagnols parlent avec conviction du grand abîme qui sépare la parole de l'action : *del dicho al hecho hay gran trecho ; Les mots fr non , los hechos en Dios .*

[31] Cf. un orateur aux *Cortes* en juin 1910 : « Aquí no hay nada tan alto como las clases bajas . »

[32] Don Ramiro de Maeztu a écrit sur l'affirmation agressive de la personnalité - *innecesária afirmación de las personas* — en Espagne.

[33] *Lo que no lleva Cristo lo llera el fisco* : « Ce que l'Église laisse, le Trésor le reçoit », dit un vieux proverbe.

[34] Un auteur dans *Fortunata y Jacinta* de Pérez Galdós dit que les Espagnols, que *pícara raza* , ignorent la valeur du temps et celle du silence. "On ne peut pas leur faire comprendre que s'emparer du silence des autres, c'est comme voler une pièce de monnaie." "C'est un manque de civilisation." Par de telles critiques anti-espagnoles, M. Pérez Galdós trahit le fait qu'il n'est pas né en Espagne.

[35] L'historien Mariana a fait preuve de plus de patriotisme que d'exactitude lorsqu'il a écrit que l'Espagne « n'est pas comme l'Afrique, qui est brûlée par la violence du soleil et qui n'est pas non plus assaillie, comme la France, par les vents, les gelées et l'humidité de l'air. et la terre. »

[36] Ainsi le P. Alonso de Espina a écrit que, si une Inquisition était établie, « serait d'innombrables Los entregados al fuego , los cuales si pas de fusée ici ... cruellement castigados ... habrán de ser quemados fr el feu éternel . » La Fortaleza de la Fé. 1459.

[37] « Ce spectacle, dit un Anglais admiratif en 1760, est certainement l'un des plus beaux du monde, qu'on le considère comme un simple *coup d'œil* ou comme un exercice de la bravoure et de l'agilité infinie de l'homme. interprète."

[38] Pourtant, aucun Anglais ne devrait certainement assister à un combat de taureaux alors que prévaut la coutume moderne consistant à sortir un cheval cruellement encorné, à le recoudre et à le ramener pour de nouvelles souffrances. Ceci est fait pour économiser quelques shillings aux entrepreneurs de la *place et c'est une honte pour l'Espagne.* Ceux qui n'ont pas assisté à une corrida et qui peuvent à peine croire qu'une pratique aussi sordide et scandaleuse soit possible peuvent, s'ils en ont le courage, lire tous les détails dans Señor Le roman *Sangre y Arena de* Blasco Ibáñez (1908).

[39] L'Inquisition était une tyrannie universellement redoutée, bien qu'en principe soutenue par le peuple. Dans Pepys, nous lisons que « les Anglais et les Hollandais qui ont été envoyés travailler (dans la fabrication de certaines étoffes) ont été pris avec un livre de psaumes ou un testament et

ont donc applaudi et la maison démolie ; et le plus grand seigneur de Spayne n'ose pas dire un mot contre cela si le mot Inquisition est mentionné. Cf. la terreur sans fondement de la vieille femme du Buscón de Quevedo , *ou* l'histoire de l'homme qui, lorsqu'un inquisiteur lui demandait quelques poires, s'arrêta et lui présenta l'arbre entier. Les attaques et les moqueries contre les prêtres en Espagne ne sont pas exclusivement modernes ; le vers suivant de Juan Ruiz (XIVe siècle) n'est qu'un exemple parmi d'innombrables exemples dans la littérature espagnole :

"Como quier que los Frayles et Clérigos disen que aman a Dios servir
Si barruntan que el rico está para morir
Quando oyen sus dineros que comienzan a retenir
Qual de ellos lo levará commencer je vais le rendre .

Mais récemment, le nombre de ceux qui croient en la religion a diminué, et les anticléricaux ont été poussés par certains abus de l'Église à une parade plus ou moins grossière d'athéisme. On estime que l'Église a écrasé la vie plutôt que de rechercher son expression plus complète et plus noble. Ainsi un écrivain, EL André (« Ética Española », 1910), dit : « Nous concevons la vie uniquement comme une préparation à la mort » et parle du léger *esprit territorial* que possèdent les Espagnols. Cf. Berceo , au XIIIe siècle : « Quanto ici vivimos fr ageno moramos » – notre vie sur terre est un séjour dans un pays étranger.

[40] L'honnêteté est un attribut commun des Espagnols, mais ils n'ont peut-être pas de respect très précis pour la valeur de la véracité ou de l'honnêteté des mots.

[41] *La femme et elle frêle mal parecen dans la rue* . Dans le Sud, comme à Séville, le pourcentage de femmes visibles dans les rues est remarquablement faible.

[42] « El consejo de la mujer es poco », dit Sancho, « y el que no lo toma es loco ». Les femmes conservent leur influence, mais celle-ci n'est donc pas proprement la leur, mais plutôt celle de l'Église.

[43] L'expression *Seguir sin novedad* est encore utilisée pour laisser entendre que tout se passe bien. Mais un nombre toujours croissant d'hommes politiques prônent désormais des « choses nouvelles » avec une violence quelque peu grossière. C'est une réaction contre l'apathie qui attendait les mains croisées...

" Vuolsi donc colà colombe si puote
Ciò che si vuole , et plus non demandé .

[44] Cf. le trait caractéristique mentionné par Samuel Pepys : « Ils crieront contre leur roi, leurs commandants et leurs généraux, qui n'ont pas

leur pareil au monde, et pourtant n'entendront pas un étranger dire un mot d'eux mais lui trancheront la gorge. »

[45] Il est vrai cependant que la masse de la nation espagnole doit encore se développer selon des lignes réellement espagnoles : de là sa faiblesse actuelle et sa force potentielle dans l'avenir, lorsqu'une civilisation à caractère véritablement national se sera imposée à la civilisation artificielle de la culture importée de France et la religion importée de Rome.

[46] La belle cathédrale éthérée de León est plus éloignée.

[47] Certaines des routes secondaires d'Andalousie sont excellentes et carrossables, bien qu'étroites. Mais entre les routes de la plupart des provinces, il y a peu de choix. Il n'est pas étonnant qu'il existe en Espagne un saint invoqué comme protecteur des « voyageurs et des mourants ». Ford a fait remarquer que tandis que le reste de l'Espagne appelle la Voie lactée « la route de Saint-Jacques », les Gallegans eux-mêmes le savent mieux et l'appellent « la route de Jérusalem ». Les routes reliant les petites villes à leurs gares, à la charge des *municipios*, sont particulièrement mauvaises et étonnent l'étranger nouvellement arrivé. Mais en effet, les routes à proximité immédiate de villes industrielles aussi importantes que Valence et Barcelone sont souvent dans un état déplorable, et il n'est pas rare de voir des chariots de fruits ou de légumes coincés dans de profondes ornières de boue.

[48] Ticknor, en 1818, parle de l'Espagne comme « d'un pays comme celui-ci où tous les moyens de transport confortables ou décents échouent », des « routes abominables » et des auberges comme de « masures misérables », dépourvues de provisions. Un siècle et demi plus tôt Mme. d' Aulnoy disait : « Vous n'entrez dans aucune auberge pour dîner mais vous emportez vos provisions avec vous. » Mais les siècles ne passent pas pour les auberges espagnoles.

[49] Une paysanne près d'Almería portait un long foulard jaune et rose, un châle rouge vif, un corsage bleu clair, une jupe blanche et mauve, un tablier bleu foncé avec une ligne blanche, des bas rouges, des sandales jaunes et portait un deuxième châle. de couleur orange brillant , mais le tout se fondait harmonieusement sous la lumière éblouissante du soleil.

[50] Surtout en matière de lettres, l'ignorance, l'indifférence, les erreurs et les retards des fonctionnaires sont, pour un Anglais, inimaginables, et notamment à Madrid, où une lettre a été conservée pendant deux mois et remise. , après des enquêtes répétées, avec la date du cachet de la poste de Madrid, *soixante-dix* jours plus tôt, clairement visible. Des réformes sont cependant envisagées. Les lettres étrangères s'en sortent généralement mieux que les autres. Une carte postée à Grenade le 15 mai et une lettre postée en France le 26 mai arrivèrent toutes deux à Barcelone le 27 mai (1911).

[51] L'importance ancienne de Saint-Jean de Luz (en basque Donibane Lohitzune) est représenté par les lignes :

«Saint Jean de Luz, petit Paris
Bayonne, fils écurie .»

Almería se vante de la même chose :

" Cuando Almería época Almería
Grenade époque su Alquería .

Victor Hugo décrit de manière pittoresque Saint-Jean de Luz en 1843 comme « un village cahoté dans les anfractuosités de la montagne ».

[52] Traduction anglaise de 1692.

[53] En 1623, Sir R. Wynn décrit le pays proche de « Bilbo » comme « un ensemble rocheux infini, couvert de seulement avec des fourrures et quelques genévriers.

[54] A Saint-Jean de Luz, où Louis XIV. était marié à l'infante, une maison entend encore l'inscription :

« L'Infante j'ai reçu l'an mil six cent soixante
On m'appelle depuis le Chasteau de l'Infante .

[55] « Par Vocation ». Paris. 1905.

[56] « *Vulnérable omnes, ultima necat* . — Toutes les heures blessent, les dernières tuent.

[57] Cf. Mme. d'Aulnoy : "Nous étions ici très bien divertis , de sorte que nos tables étaient couvertes de toutes sortes de volailles sauvages."

[58] Le poème basque « *Altabiscarraco Kantua* », chant de victoire, était considéré comme magnifique quand on le croyait vieux de plusieurs siècles, et s'il s'est avéré sans aucun doute moderne, on peut encore oser le considérer comme magnifique : « Un cri se fait entendre parmi les Montagnes basques, et l' Etchecojauna , debout devant sa porte, écoute et dit : « Qu'est-ce qu'il y a ? Qui est là?' et le chien endormi aux pieds de son maître, se lève et remplit de ses aboiements la région d' Altabiscar . Une ligne est : « *Cer nahi Zuten figure menditarik Nortéko Gizon Horaire ?* — Que veulent ces hommes du Nord dans nos montagnes ? » et un autre : « Pourquoi sont-ils venus troubler notre paix ? Les Basques ont dû souvent se poser la même question, lorsqu'ils ont vu les étrangers de races plus jeunes se presser autour de leurs montagnes ; mais malgré ces incursions, les Basques ont réussi à conserver une partie de leur langue et de leurs coutumes, comme les eaux de leur proverbe qui, après mille ans, coulent encore dans leur ancien cours : « *Mila urthe igaro eta ura bere bidean — Après des années mil, vuelve el rio à su cubil* . »

[59] Rymer , « Foedera ».

[60]

SARARI
BALHOREA
RENETALE
YALTASSUN
AREN SARIA
EMANA LUIS
XIV. 1693.

Les mots *balhorea* (valeur) et *leyaltassuna* (loyauté) sont typiques de l'absence de mots abstraits véritablement basques.

[61] La montagne La Rhune ou Larrhun , est moitié en France, moitié en Espagne. Son nom est basque, dérivé de *larre* , pâturage, et *de* , bon (en Navarre il y a une rivière Larron et un village Larraona) ; mais la première syllabe est devenue l'article français, et un flanc inférieur de la montagne est connu sous le nom de « La petite Rhune ».

[62] Napier, qui n'avait aucun don en orthographe, écrit Atchuria , ou Atchubia . Le mot signifie Roche Blanche (*aitz* , rocher, et *churi* , blanc) et son nom espagnol est Peña Plata, Montagne d'Argent.

[63] La méchanceté de leur français a été ridiculisée dans le proverbe « Parler français comme une vache (*c'est-à-dire* basque) espagnole.

[64] Pourtant, dans un codex du XIIe siècle, on trouve dix-huit mots basques, qui tous, sauf quatre, sont encore utilisés, bien que sous des formes légèrement modifiées. La langue basque donne de nombreuses preuves de l'extrême antiquité des Basques. Les mots pour « couteau », « hache », etc., dérivent de *aitz* , qui signifie « pierre ». Les mots pour « lundi » (*astelehena* , « premier jour de la semaine »), « mardi » (*asteartea* , « milieu de la semaine »), « mercredi » (*asteazkena* , « dernier de la semaine ») désignent une semaine de trois jours. Le décompte est vigésimal : « quarante » est *berrogoi* (deux fois vingt) ; «soixante», *hirogoi* (trois fois vingt). Le mot pour « vingt », *hogoi* , présente une curieuse similitude avec le grec ε ἴ κοτι et le mot « score de mouton » . *gigget* . Il n'y a pas de termes généraux – pas de mot pour « arbre » (pour lequel *arbola* est utilisé), mais pour différents types d'arbres ; pas de mot pour « sœur », mais pour « la sœur du frère », « la sœur de la sœur » ; et aucun terme abstrait (*karitatea* , *prudentzia* , *etc.*) n'est utilisé.

[65] Le meilleur récit des Basques se trouve dans « Loisirs d'un étranger au Pays Basque » de feu M. Wentworth Webster et dans son « Les Basques, le peuple le plus ancien de l'Europe occidentale » ; dans « Les Basques et le Pays Basque » de M. Julien Vinson et « Les Basques » de Francisque Michel.

[66] Un écrivain français, Le Pays, parle ainsi du Pays basque au XVIIe siècle : « La joie y commence avec la vie et n'y fini qu'avec la mort. Elle paroissiale fr toutes leurs actions. Les prestres fr ont leur part aussi bien que les autres . I have remarqué qu'aux noces c'est toûjours le curé qui mene le branle. Un autre Français de la même époque dit que les Basques du Labourd sont « des gens toujours » . fols et souvent Yvres .» De même, Larramendi dit que les Basques sont « muy inclinados à ver fiestas.

[67] Cf. leurs proverbes, « Lan lasterra , lan alferra : Travail rapide, travail inactif ; » et " Geroa , alferraren leloa — Demain est le refrain des oisifs.

[68] Le grand jeu d'Irun, entre Basques français et espagnols, vers 1840, est devenu une légende et est encore raconté par les paysans. Gascoña , le principal joueur français, s'est vu offrir 10 000 francs « pour faire trahison », mais a refusé, même si c'était dix fois la somme. Les bœufs, les récoltes, les champs et les maisons étaient misés librement. La balle, nous dit-on, fut soigneusement mouillée pour le service, des tintacks furent dispersés dans le terrain, et Gascoña , habitué à jouer pieds nus, demanda une paire de lourds *sabots en bois* et continua le jeu. Les Français gagnèrent et furent obligés de s'enfuir par la frontière sans se changer et *la chistera* en main. C'était l'époque où les paysans quittaient leurs fermes pour jouer par amour du jeu. Aujourd'hui, le jeu est entre les mains de quelques professionnels, au profit des étrangers, le résultat étant souvent arrangé à l'avance. « Aujourd'hui », disait un joueur âgé de Frontier, « les joueurs rien quelquefois : nous ne riions pas, nous.

[69] Antaño , fr Los antaños , dans le temps.

[70] Corografía de Guipúzcoa : « No es creible si je ne me sens pas el mucho pan y cera que se ofrece .... Además en contes grands funérailles por modo de ofrenda se trae á la puerta de la iglesia un buey vivo en unos lieux et fr d'autres un chauffeur de taxi aussi vivo que, acabado el oficio , se vuelve á la casería ó carnicería , et por esto se paga al cura une quantité déterminé en argent. Il estime les dépenses de la maison à 500 duros (ou dollars), et les dépenses de l'Église à 500 autres, une somme vraiment immense pour cette époque. Lorsque les enterrements avaient lieu dans l'église, les offrandes de pain et de cire étaient faites sur le tombeau.

[71] La musique et les paroles sont d' Iparraguirre .

[72] Sare .

[73] Urrugne , au-dessus du cadran solaire de l'église.

[74] Saint-Jean de Luz.

[75] Saint Pée , anciennement Stus . Pétrus de Ivarren . « Il y a un petit village appelé Saint- Pé , où j'ai été arrêté un jour ou deux par un très mauvais temps. J'étais logé chez le Curé , un bon vieillard, de la conversation duquel je reçus des lumières qui eurent d'importantes conséquences sur l'état de la France. Il était très intelligent et très bien informé, et avait non seulement une vision juste, mais aussi large des choses. » — *Le duc de Wellington à JW Croker.*

[76] Près de Louhossoa .

[77] « Souviens-toi de la mort. » — Ossès .

[78] Vizcaya et Guipúzcoa sont, avec Barcelone et Pontevedra, les provinces les plus densément peuplées d'Espagne. Les Basques ont un génie administratif qu'on ne retrouve pas dans d'autres parties de la Péninsule. Leurs excellentes routes et leurs villes proprement entretenues forment un contraste saisissant. Ils ont un véritable amour de l'indépendance locale et, au XVIIIe siècle, nous trouvons deux villages frontaliers basques, Vera et Sare , s'appelant dans un traité les « deux Républiques ». Le traité concernait Yerbas y Aguas y Bellotas ; herbe, eau et glands. De même, aujourd'hui, dans les provinces basques, des groupes de petits villages et de maisons sont réunis en « hermandades », « universidades », « anteiglesias », « valles » libres. Les quelques privilèges qui restent sont jalousement gardés. Les Navarrais vous diront avec fierté que leur province est la seule où un homme est autorisé à trouver un remplaçant dans les conscriptions.

[79] Le Premier ministre espagnol lui-même a déclaré au Sénat (octobre 1910) que si les provinces basques sont plus avancées que d'autres parties de l'Espagne, cela n'est pas dû à leurs mérites, mais au favoritisme des gouvernements . Cependant, une connaissance des Basques ne justifie guère cette affirmation. Depuis l'abolition des *fueros* , dit feu M. Butler Clarke dans « L'Espagne moderne », « leurs efforts se limitent à faire de l'administration de leurs provinces un modèle pour le reste de l'Espagne ».

[80] Les Basques prirent leur revanche par la main de M. l'Abbé d'Iharcé de Bidassouet . Dans son « Histoire des Cantabres », tom. I. Paris, 1825 (le tome ii. n'a pas été publié), il tire tous les noms de lieux du basque, comme langue originale du monde. «Je ne serai pas assez hardi », dit-il, « pour soutenir que le Père Éternel parlât basque », mais il en est vraiment convaincu. L'Andalousie , à l'aide de l'article, dérive de deux mots basques, « landa Lusia », longue terre. Versailles est un mot basque, Athènes aussi, Hélicon aussi. La Norvège le laisse perplexe un instant, mais bientôt avec la remarque que « Norvège est un mot altéré et corrompu », il le jette de côté et poursuit sa course étymologique imprudente. Certes, au philologue irresponsable, le Basque offre un champ délicieux. Par exemple, le nom du lac salé désolé de Kevir en Perse est dérivé du mot « gavr » ou « gav » (« creux », « dépression »). En basque « gabe » signifie dehors, et le mot pour nuit est aussi « gabe »

(sans doute comme étant un creux sans lumière). Ensuite nous avons les Gaves , de Pau, d'Oloron , etc. ; l'espagnol « gaveta » (un casier), « gavia » (une fosse creusée pour planter un arbre) ; « cavus », « grotte » et ainsi de suite. Mais tirer des conclusions sur l'origine des Ibères, sur la question de savoir si des peuples identiques ou différents habitaient le Caucase et les Pyrénées, ou même si « le Père Éternel » parlât Basque », est une tout autre affaire, semée d'embûches innombrables.

[81] Voir Wentworth Webster, « Les Loisirs d'un étranger au Pays Basque ». 1901. C'était une pratique courante des Romains qui, rencontrant des mots si grossiers et si horribles à leur prononciation latine au pays des Basques, « quorum nomina », selon Pomponius Mela, « nostro ore concipi nequeunt », lisserait et arrondirait ces noms et leur donnerait une dérivation latine. Les Espagnols ont peut-être fait de même dans le cas de l'île de Valencia, dans le comté de Kerry. La forme sur les anciennes cartes est Ballinish (*Innish* , « île » et *ball* , « maison » ou peut-être « bouche » – le port , l'embouchure de l'île), et les paysans prononcent encore le nom Valinch .

[82] Pourtant, ceux qui associent Barcelone à la fumée et à l'obscurité d'une ville industrielle, après avoir entendu parler d'elle comme le Manchester de l'Espagne, se trompent. Barcelone mérite encore les éloges de l'ambassadeur de Venise au XVIe siècle, qui la qualifiait de « bellissima » . città », avec « copia di giardini bellisimi », et des louanges de Cervantes dans « Don Quichotte » et dans « Las Dos Doncellas », où il est « la fleur des belles villes du monde et un honneur pour l'Espagne » .

[83] « España : Hombres y paisajes ». 1909.

[84] Un proverbe espagnol dit : « Quand il pleut, il pleut ; quand il neige, il neige ; mais il fait mauvais temps quand il souffle. L'agriculture dans de nombreuses régions d'Espagne est littéralement « ἀ π ἀνευθεν ἐ π' ἀ γϱο ῦ π ἠυ ατα π ἀσχειν — pour souffrir des malheurs à l'écart sur le pays.

[85] Cf. Pio Baroja , « César ó Nada ». Madrid, 1910 : « Hay una hora en estos pueblos castellanos, adustos y viejos , de paz y serenidad idéaux . C'est le commencer la mañana . Todavia Los gallos cantan , les campanadas de la iglesia se derraman por el l'aire et le sol commencent à pénétrer dans les rues fr Rafagas de Luz. La mañana est un diluvio de clarté qui se précipite sobre le village amarillento . Le cielo c'est bleu , el aire limpio , puro et diáfano ; l' atmosphère transparent sans casi effets de perspective , et sa masa etérea hace vibreur les contours de las casas, de los campanarios et de los remates de los tejados . El viento frio et sutil jeu en las encrucijadas y se entretiene fr torcer Los tallos de los géranios et de los claveles que llamean fr Los balcons . Foin por tous les jours partes une olor de jara y de retama quemada que viene de los Hornos donde se cuece el pan, y una olor de alhucema qui viene de los Zaguanes . » La Castille a été un peu délaissée par les romanciers en

comparaison avec d'autres régions. Mais récemment Ricardo León (dans « El Amor de los Amores », 1910), a chanté les louanges de l' *ancha , heróica tierra de Castilla* , sa simplicité et sa force austères, son atmosphère sereine, ses récoltes dorées, ses troupeaux de moutons, ses ruisseaux clairs, ses solitudes parfumées au thym et ses horizons lointains. Et *Azorín* , dans une courte étude « En la Meseta » (*La Vanguardia* de Barcelone, 4 janvier 1911), ainsi que dans ses livres « España », « El Alma Castellana », « Los Pueblos », dépeint habilement l'esprit intérieur de Castille : « Por la ventana se columbra un paisaje lllano, seco, desmantelado ; à lo lejos se divisan unas montagnes avec les cimas blanqueadas por la nieve .... Tout el silence , toda la rigidez , toda la adustez de esta immobile vie Castellane c'est concentré fr Los rebaños que cruzan la llanura lentamente y se recogen fr Los oteros y los vallées de las montañas . Mirad ese rabadán , envuelto fr su capa récia et parda , contemplant un ciel bleu péché nubes , ante el paysage abrupt et grandiose de la montagne , et tendréis expliqué el tipo del campesino castellano castizo , historique : noble, austère , grave et élégant fr el ademán , corto , sentencioso y agudo on sus razones .

[86] Monsieur Gasset , ministre des Travaux publics, propose maintenant (dans un projet exposé au Congrès le 9 mars 1911) de consacrer vingt-sept millions de *pesetas* au boisement en dix ans.

[87] Martial, se référant à la fréquence des vents d'Espagne, dit :

" Debes non aliter temps Risum
Quam ventum Spanius .

[88] El Conde Lucanor , « Enxemplo 30 : » « ... el rey Abenabet de Séville était casada avec Romayquia et amábala muy mas que á cosa del mundo , et elle était muy bonne femme , et los moros han della beaucoup de bons exemples : pero une manière habia que non era muy bonne , c'était une époque, que á las vegadas Tomaba algunos antojos à su volontairement . Et j'ai constaté qu'un jour , c'est à Cordoue fr el mois de février , cayó une nieve , et quando Romaïa c'est ça vió comenzó á llorar , et le rey preguntole parce que lloraba , et elle j'ai dit que parce que nunca la dejaba estar en terre que Hubiese nième . Et le rey , por le facer placer, fize poner almendrales por toute la terre de Cordoue, parce que pues Cordoue est tan caliente tierra et non nieva y cada año , que en el février parescien Los almendrales floridos et le semejasen nieve , por le facer perdre aquel désir de la neige .

[89] George Eliot, « Le Gitan espagnol ». Les ombres violettes sont l'effet de taches sombres de roche visibles à travers l'eau bleue transparente.

[90] « *Papel et tinta et poca justicia* , papier, encre et peu de justice », dit le peuple dans un de ses proverbes. Ils estiment qu'en Espagne, si la vengeance est une sorte de justice sauvage, la justice l'est aussi trop souvent.

[91] Le Dictionnaire Barretti (édition de 1778) décrit de manière étrange *Socarrón* comme « un homme rusé et subtil ; un farfelu.

[92] Sur la route de Tortosa à Valence, il y a une croix de pierre avec l'inscription pathétique et mal orthographiée : « Aqui Murio instantanément au tir du véhicule por habersele desembocado el mulou Domin ᶜᵒ Cugat Jardi le 30 août 1894. RIP Carrateros ouais veis lo que paso este infelis . "Carters, vous voyez ce qui est arrivé à ce malheureux." Mais les camionneurs de toute l'Espagne continuent de dormir pendant les longues heures de route.

[93] Les dernières statistiques disponibles montrent que, alors que 90 et 80 pour cent. des électeurs de certaines provinces du nord de l'Espagne savent lire et écrire, en Andalousie les moyennes les plus élevées sont de 51 et 50 (provinces de Cadix et Séville), celle de Cordoue n'étant que de 41, d'Almería 38, de Grenade et Jaen 35 , de Malaga 34.

[94] « Chapitres sur la littérature espagnole. » 1908.

[95] « N'uma mão a penna et n'outra a lancement .

[96] M. Boris de Tannenberg, parlant de « Sotileza », a dit excellemment : « C'est que plus une œuvre à un caractère local marqué , plus elle à de chance de devenir universelle , à condition que l'écrivain , sous la particularité des mœurs et du langage , ait pénétrée jusqu'au fond commun d'humanité . » Et Don Marcelino Menéndez y Pelayo , qui représenta le roi Alphonse le 23 janvier 1911, lors de la cérémonie d'inauguration à Santander de la statue de Pereda par Señor Collaut Valera (neveu du romancier Juan Valera) a déclaré dans son discours : « Ses livres, si locaux que même les habitants de la montagne ont besoin d'un glossaire, et aussi espagnols que les écrits les plus espagnols depuis Cervantes et Quevedo, sont profondément humains. en raison de l'intensité de la vie qu'ils contiennent et de la majesté tranquille avec laquelle elle se développe.

[97] On a tendance à oublier que les hommes du Moyen Âge, s'ils s'attardaient avec insistance sur la sinistre « Danse de la mort », éprouvaient aussi pleinement les joies de vivre. Le « Poema del Cid » ne chante aucune variation sur le thème « Comme la vie de l'homme est bonne, le simple fait de vivre », mais le sentiment lui-même apparaît dans chaque ligne.

[98] Le roi avait envoyé « des lettres à León et Sanctiague , aux Portugais et aux Galiciens, à ceux de Carrión et aux Castillans », pour annoncer une *Cort à l'intérieur fr Tolledo* , pour juger entre le Cid et les comtes de Carrión . « Depuis que je suis roi, dit-il, je n'ai tenu que deux *Cortes* , l'une à Burgos, l'autre à Carrión , cette troisième à Tolède je suis venue tenir aujourd'hui. »

[99] James Fitzmaurice-Kelly. «Chapitres sur la littérature espagnole», p. 231.

[100] Voir p. 151 , 222-238 . Pereda est peut-être le romancier espagnol le moins lu en dehors de l'Espagne ; mais ce n'est guère exagéré de dire que celui qui ne peut pas apprécier Pereda ne peut pas comprendre l'esprit ni ressentir la véritable saveur de l'Espagne.

[101] « Chapitres sur la littérature espagnole », p. 246.

[102] Andrés González-Blanco, « Histoire de la nouvelle fr Espagne desde el le romantisme jusqu'à nos jours. Madrid. 1909.

[103] La Primera República. Madrid. 1911.

[104] Voir page 214 .

[105] Monsieur Picón , dont les écrits sont plutôt exquis que volumineux, est l'auteur de « Dulce y Sabrosa » et de plusieurs nouvelles. Un critique espagnol, Señor Gómez de Baquero , a dit de lui que si « ses pensées sont tournées vers l'avenir, son style écoute la musique dorée du passé ». Son dernier ouvrage est « Juanita Tenorio », un long roman (publié dans le tome 3 de ses Œuvres complètes à l'automne 1910), dans lequel son art, aussi habile et délicat soit-il, n'a pas entièrement réussi à éclipser la sordidité. du sujet par la magie du style. La citation suivante, une description de Madrid vue d'une lucarne la nuit, donnera une idée de son style sobre et tranché : « Era noche Cerrada . En premier lieu , nous ne percevons pas la vue la plus grande masas angulosas y obscuras de muros , parodones y tejados : descollando por encima de eux chirurgien les contours de torres et campanarios, cuyos puntiagudos chapiteaux , cubiertos de pizarra , recogían el échapper clair des étoiles ; ici et là briser la surface noire des fachadas Los rectangles de lumière amarillante qui forment Los balcons alumbrados intérieurement , et al través de algun vidéo brillaba el resplandor solitaire d' un lampe avec toi écran de couleur; des cheminées salian nubecillas de humo , que, flotando Côme manches fugaces en la lobreguez del ambiente , se desvanecían en la hauteur ; entre les maisons, le long des rues rectas , diviser les hileras de los faroles , cuyas lamas reverberaban fr cristaux et verres , ó á trechos un arc voltaïque irradier blanquecino intense fulgor ; y de aquel conjunto de sombras esmaltadas de toques luminosos so alzaba la rumeur confond les millions de ruisseaux divers ; rodar de vehículos , vocear de vendedores , gritar de chicos et cantar de criadas ; ouais el technicien d'un piano, ouais le sonar lent des campanadas d'une montre .

[106] « César ó Nada » est le premier d'une trilogie intitulée « Las Ciudades » ; une autre trilogie, « El Mar », commence avec « Las Inquietudes de Shanti Andía » (1911), un récit vivant et déconnecté sur la vie des marins aventureux de la côte basque dans le petit port de pêche de Luzaro et lors de leurs voyages lointains. Le style, ou l'absence de style, est clair, transparent, comme cassant sous le choc de phrases courtes et abruptes, entrecoupées de

noms basques sonores et de bribes de chant basque. En basque également, on trouve les indications de l'endroit où reposent les coffres contenant des pièces d'or thésaurisées par un avare marchand d'esclaves. Mais le livre se termine sur cette triste réflexion : « Personne à Luzaro ne veut devenir marin. Les Vascos se retirent de la mer. »

[107] Six ans après Galdós , seize ans avant Blasco Ibáñez, un avant Alas et Picón et deux avant Palacio Valdés.

[108] F. Vézinet , « Les Maîtres du Roman Espagnol Contemporain », Paris, 1907.

[109] En effet, en lisant les romans les plus récents de Señora Pardo Bazán , « La Quimera », ou « La Sirena Negra », ou « Dulce Dueño » (1911), aussi frappants et originaux soient-ils, on ne peut s'empêcher de regarder en arrière. avec un peu de regret à ses romans galiciens des années quatre-vingt.

[110] « Le trait essentiel du réalisme de Pereda c'est la sympathie avec laquelle il décrit les mœurs . populaires , sans optimisme outré, mais avec une divination profonde de leur poésie intime. Pereda aime le peuple par tempérament d'artiste , pour ce que celui -ci a de pittoresque et d'original ; il l'aime aussi en homme et en chrétien , comme une humanité plus simple, aux sentiments spontanés et naïfs. Il ne nous dissimule pas sa grossièreté et ses misères mais il nous ouvre les yeux sur ses vertus ignorés ; jusque chez les êtres dégradés par le vice, il nous montre quelque noble instinct qui survit et se réveille à l'occasion . Et ce réalisme , qu'illumine toujours un rayon d'idéal , respecte l'homme en le peignant même dans ses vulgarités ou ses laïcs .» Boris de Tannenberg. L'Espagne littéraire . Paris, 1903.

[111] Le pays situé entre Burgos et l'Atlantique, connu sous le nom de « *Montaña* », avec Santander pour capitale, est une région de montagnes et de collines continues, de prairies escarpées et de champs de maïs, avec à peine un pouce de terrain plat. Les collines en hauteur sont couvertes de châtaigniers et de chênes, de hêtres, de noyers et de sycomores ; des ruisseaux impétueux sont cachés dans de profondes fentes boisées, et des murs de pierres rugueux séparent les champs les uns des autres, où les moissonneurs, maniant avec difficulté leurs faux, n'ont qu'un pied escarpé. Les villages et les fermes dispersées sont en pierre jaune massive, avec des toits de tuiles brun foncé et de larges balcons suspendus par des poteaux en bois gris aux avant-toits en saillie.

[112] Pourtant, la claire splendeur du ciel de Castille a dû jeter un charme sur l'endroit. L'impression dominante à Madrid aujourd'hui est en effet celle de la lumière et des espaces ouverts, la Puerta del Sol dans un éclat de soleil, la Carrera de San Jeronymo s'étendant apparemment dans l'espace, la campagne environnante lointaine et sans arbres, les montagnes d'un bleu

clair et le ciel du bord au zénith revêtu d'un éclat de lumière éblouissante afin que « ogni parte ad ogni partie splendide . »

[113] « La Montálvez » (1888) et « Nubes de Estío » (1891) sont peut-être ses œuvres les plus faibles. « Nubes de Estío » est plutôt ennuyeux jusqu'à ce que le duque de Cañaveral arrive, « tombant comme un Jupiter parmi les petits dieux ». « Al Primer Vuelo » (1890) est un roman sur la côte cantabrique, mais sans le sel et la vigueur de « Sotileza ».

[114] M. Boris de Tannenberg parle de « l'âpre saveur de sa langue, un peu grossier et fruste, mais solide , musclée et haute en couleur.

[115] La différence entre ces artistes en prose peut être mieux illustrée par une citation : « El Cura ouvrant la fenêtre et regardant le ciel . Apénas Brillaban las estrellas . Estúvose quieto y méditando , avec los ojos fijos dans la ombre des los monte . Bajo la bóveda de la noche , todos Los rumeurs parecían llenos de prestige . Le ladrido de los perros , el paso de las patrullas , el eau du fleuve en las presas , il y avait des voix religieuses et mystérieuses , como ésos anhélos ignotos qui estremecen à las almas en su nuit oscura . » (Valle- Inclán , « Gerifaltes de Antaño ».) Nous avons ici les contours clairs et fins, la retenue étudiée de l'admirateur du Greco. Dans le passage suivant, tiré de « Alcalá de los » de León Zegríes », nous retrouvons l'imagination plus sensuelle et rayonnante du romancier andalou : « Fué Alfonso hacia la ventana y apoyó la ardorosa devant fr Los cristaux . Tout était silencieux et solitaire . Les étoiles oscilaban fr el cielo ; l' ancha bóveda , oscura , estaba acribillada de lucecillas trémulas . Une brume brillaba à lo lejos fr le camp. Oui fr el silence grave, dans la callada sombre , les portes de bronze du mystère s'ouvrent de par en par. Entre les mains des deux écrivains, le castillan révèle toute sa magie.

[116] Monsieur Cossío a publié son ouvrage bien connu, « El Greco », 2 tomes . Madrid, en 1908. Le deuxième volume comprend des illustrations de tableaux du Greco ; La plupart des reproductions sont cependant malheureusement quelque peu indistinctes. Les reproductions de photographies dans un petit livre, « El Greco », par AF Calvert et C. Gasquoine Hartley. Londres : John Lane, 1909, sont beaucoup plus clairs. Les illustrations sont excellentes dans « Le Greco ». Par Maurice Barrès et Paul Lafond. Paris : Floury, ainsi que ceux des tableaux du Greco dans « Spanische » de Herr Meier Graefe Reise », Berlin, 1910. En octobre 1910, parut une courte étude scientifique, « El Greco en Toledo ». Par Francisco de Borja de San Román y Fernández. Madrid : Suarez. Il contient quatre-vingt-huit documents originaux d'un grand intérêt, notamment l'inventaire des possessions du Greco (*vienes*), dressé par son fils Jorge Manuel, le 12 avril 1614, cinq jours après la mort du Greco, dont la découverte et la publication fera, comme le dit l'auteur, un plaisir intense à tous les amoureux du Greco.

Celui-ci contient plus de 100 tableaux du Greco (certains inachevés), 200 estampes, 150 dessins, 15 croquis, 20 modèles en plâtre, 30 modèles en argile et en cire, etc. Parmi les livres grecs figurent Josèphe, Xénophon, Démosthène, Isocrate, Homère, La politique et la physique d'Aristote, l'Ancien et le Nouveau Testament, Lucien, Plutarque (morsure de Plutarco), Ésope , Euripide. Les livres italiens incluent Petrarca et Ariosto, mais cinquante autres livres italiens, dont dix-sept sur la romance et dix-neuf sur l'architecture, ne sont pas catalogués. Les articles les plus courants reçoivent une dignité surannée dans le vieux castillan sonnant, comme « quatro pares de escarpines » (quatre paires de chaussettes), « un cajón grande de pino avec cinco gabetas » (une grande commode en pin avec cinq tiroirs), « una Alacena de Madera grande » (une grande armoire en bois), « una espada y una daga con tiros y pretina » (une épée et un poignard avec leurs ceintures).

[117] Cf. son différend avec l'Église de Santo Tomé au sujet du prix de « El Entierro », dont un récit très intéressant se trouve dans les documents du livre de Señor San Román.

[118] La tentation est grande de citer les *Coplas* du début à la fin. Ils ont été excellemment traduits par Longfellow, mais tous ceux qui les liront dans l'original seront prêts à dire avec le berger de Camões : « Quam bem que sôa o verso castelhano .

[119] « Son tan dissonantes unas de otras que no parecen sera de la misma mano » (Jusepe Martínez).

[120] Ou Dominique . Parfois il signait Domy ^{co} ou Dom ^{co} à la fin des documents. La quatrième lettre de la signature (en caractères grecs) du « Baptême » de la Galerie du Prado a tout d'un *eta grec* .

[121] Même si la maison maintenant connue et montrée sous le nom de « la Casa del Greco » n'est pas celle dans laquelle vivait El Greco, elle occupe à peu près la même situation ouverte ; car par la disparition du bloc de maisons appartenant au Marqués de Villena , propriétaire du Greco, il prend la première place au-dessus du fleuve.